| 雙春雙雨水，拯世真文在夏學 |

△ 老師手書條幅「以夏學奧質，尋拯世真文」，在「夏曆甲子年幸逢雙春雙雨水　閏十」，甲子年是民國七十三年；「臘月念五日」即十二月二十五日，清帝遜位日。後面的圖即是老師帶來臺灣的「孔子行教圖」，吳道子的真跡拓本，老師於 2011 年送給北京清華大學國學院。老師拍攝此照片於 2005 年，剛好一百歲，全身沒有老人斑。

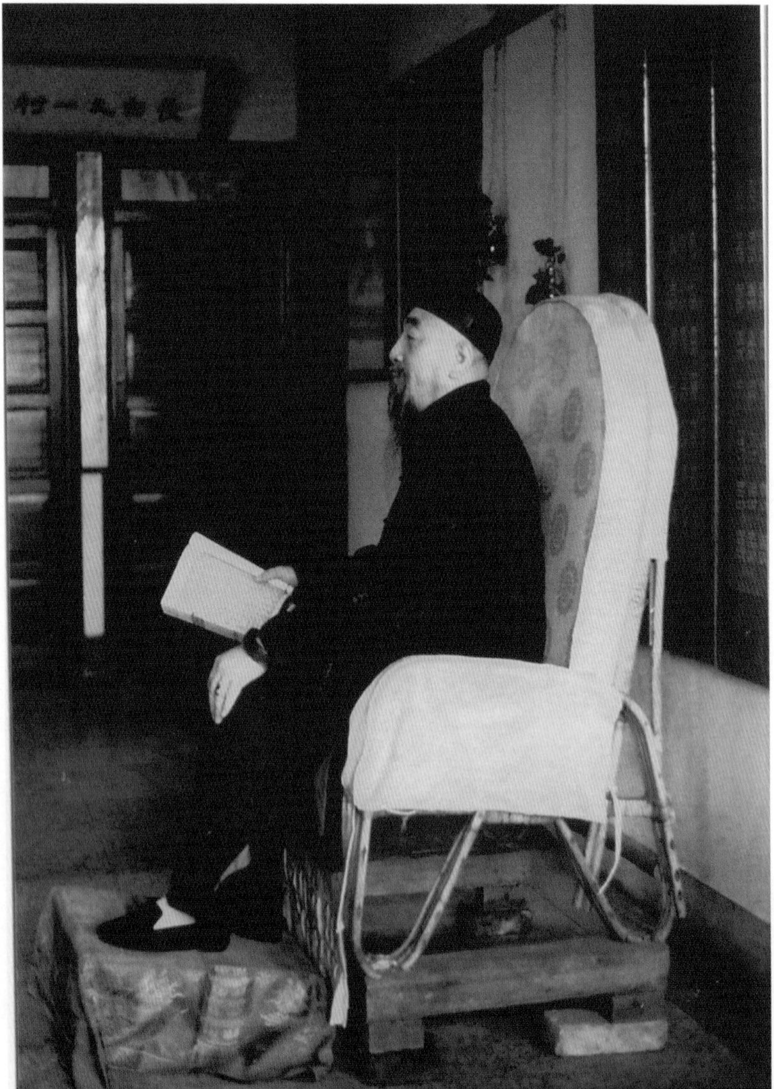

｜老師講課示意圖｜

△ 老師講課時，前面有黃色塑膠布鋪蓋的長桌，這張照片沒有，這是周義雄師兄特別為老師拍照的場景。照片後上方有老師所書的「長白又一村」。時為 1976 年老師 70 歲

｜王者氣象，就該如此｜

△ 周義雄師兄於老師七十整壽(1976 年)，開始爲老師塑造全身塑像。爲塑此像，周師兄仔細欣賞老師講學的丰采神韻，點滴整修，可謂形神兼備，王者氣象就該如此。

｜清香一縷，磬聲輕敲，寺中有高人！｜

△ 老師自小就喜歡聽磬聲聞清香，這是佛家所謂的「善根」。老師來臺，常與和尚高僧往來，也走訪不少廟寺，這張照片攝於海會寺，周義雄師兄陪伴，神態威儀懾人。

｜臺灣幾人穿斗篷！｜

△ 老師曾說，「除了老蔣，陳誠、何應欽都不敢穿斗篷！」因爲只有統帥才有資格穿。老師穿斗篷的照片有二張，除了 1995 年所攝這張，周義雄師兄也在 1974 年新店郊區，爲老師拍攝一張（左下圖）。

｜遙想老師當年馳騁幽燕滿蒙間｜

△ 老師在民國三十六年被國民政府主席蔣中正監管到臺灣，不久就安排到臺東農校當教導主任。老師入境隨俗，穿戴卑南族服飾，這張持刀的武士照片，是老師來臺留下的最早照片，讓我們遙想老師當年縱馬滿蒙幽燕間的風采。

｜抽煙也得高貴氣！｜

△ 這張抽煙斗的照片，攝於 1966 年，為加大退休教授吉德煒所攝，可惜是黑白照，碧綠的煙嘴無法顯現。照片中的老師短髮無鬚，和毓門弟子所認識的老師形象大是不同，透露一股剽悍氣。老師大概在六十歲蓄鬍，這張照片可能是蓄鬍前的最後留影。

｜君臣之義，不可廢也｜

△ 溥儀在 1967 年 10 月 17 日病逝，老師在洲尾村的住宅處設佛堂供奉。「君臣之義，不可廢也」，老師對溥儀，可說盡了人臣之道。

｜秉大節，君仁臣賢｜

△「詠豳軒」橫匾有「子良仁兄屬」五字，應該是太老師康有為寫給老師的阿瑪。「詠豳軒」下的努爾哈赤像是老師畫的。我進入「天德黌舍」的第一天，就見到這一字一畫。（1976年周義雄師兄 攝）

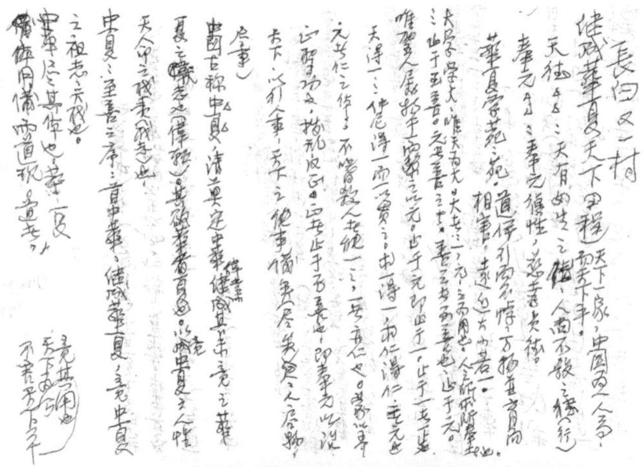
長白又一村

｜吃素禮佛，教誨洋博士！｜

△ 1961 年，老師帶洋博士弟子暢遊寺廟並吃素齋，這張照片後排中立者爲老師，右方一男一女爲簡慕善夫婦，前排左角爲密西根大學榮譽教授孟旦師兄，此張照片是孟旦師兄贈送給老師的。老師仍無蓄鬍，應該是老師和洋博士弟子最早的照片。

上文是老師沉思隨筆記錄，是老師留下的極少數思想性文字，極其珍貴。

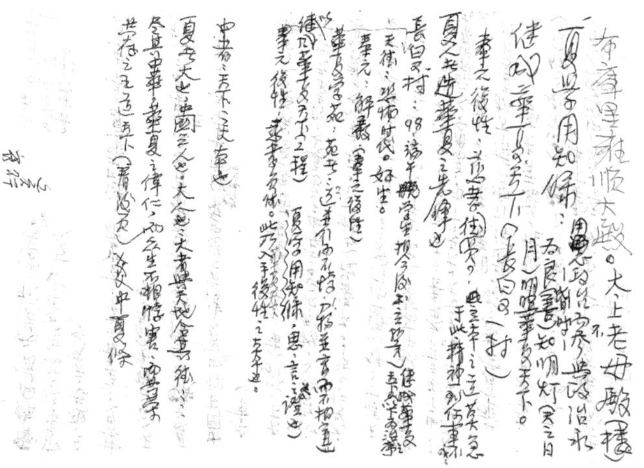

｜洋學生懂規矩，老師當然開心！｜

△ 老師住在內湖洲尾村教洋弟子，1968 年，印地安那大學教授倪肅姍請老師吃飯，還敬奉紅包，老師稱讚「洋學生懂規矩」，拿紅包時笑說，「這不是見錢眼開嗎？」與老師併行的女子即是倪肅姍師姐，照相機是她帶來的。

上文與前頁文字寫在同一紙上的正反兩面，其中有老師的「立誓」文字。

倡印者沐手薰香恭繪

｜老師手繪觀音圖｜

△ 老師手繪觀音圖有二，一是摹自唐朝吳道子的觀音圖（右），老師為上壽額娘百歲冥誕，十年造像千尊，迴向父母，以盡孝心，以慰慈恩；另一是摹自溥儒的渡海觀音（左），但此圖只畫一幅。兩幅觀音圖上方都有乾隆御筆的「般若波羅蜜多心經」。渡海觀音左下方二枚印章，長形那枚印文是「四十四年經二帝五朝歷八雄十代」。

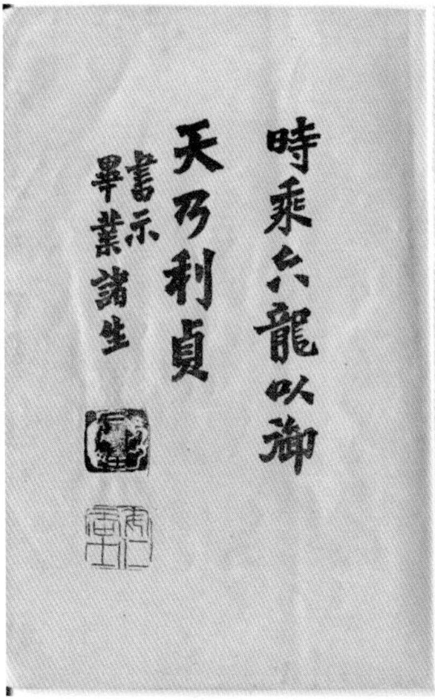

｜乘時御天，其利在貞固｜

△ 這三張圖文取自中國文化學院哲學系第二屆畢業生印製的「哲學系通訊錄」，由師兄陳文昌提供。印製時間是民國五十七年四月十八日。老師年六十二歲，鬍鬚剛留蓄不久，當系主任的老師勉勵畢業同學「時乘六龍以御天乃利貞」，書示畢業諸生的句子摘自易經乾卦的彖曰。文化學院哲學系第二屆畢業生合影共十七人，教師十一人，老師坐在第一排右四，長袍蓄鬍，十分好認。

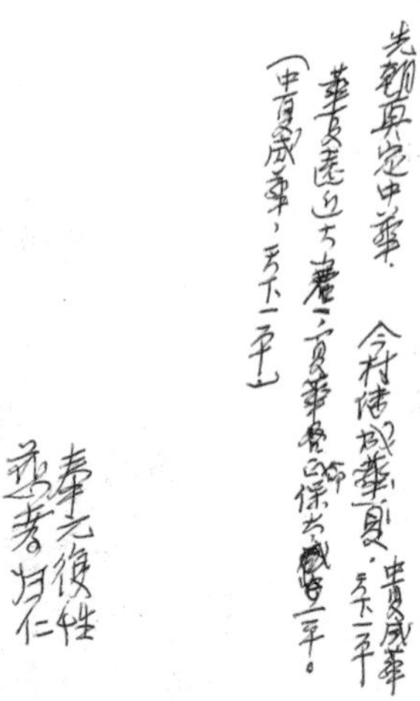

｜爺爺抱抱，不要唸經了！｜

△ 老師來臺灣真正的幸福在左擁右抱一對孫子。老師晚年十分享受和這對孫子鬥嘴的含飴弄孫之樂，看老師這張照片，左手還拿一長串佛珠，大概在數佛珠時，兩個孫子就要爺爺抱。

｜小孫兒，好好牽著爺爺喔！｜

△ 老師晚年最大的快樂，是從擁抱兩個小孫兒到牽起兩個孫兒的小手前行，尤其和兩個小孫兒鬥嘴還鬥輸的喜悅。

| 自牧牧人，稚子喜見太老師！ |

△ 西元 1989 年，老師與印地安那大學教授伊若泊二子合照。老師英氣勃發，客廳懸有于右任所書「自牧齋」。「自牧齋」下有兩條竹板對聯，暗紅底陰刻金字，「不欲即仙骨」、「無情乃佛心」，原本是掛在床柱上的。

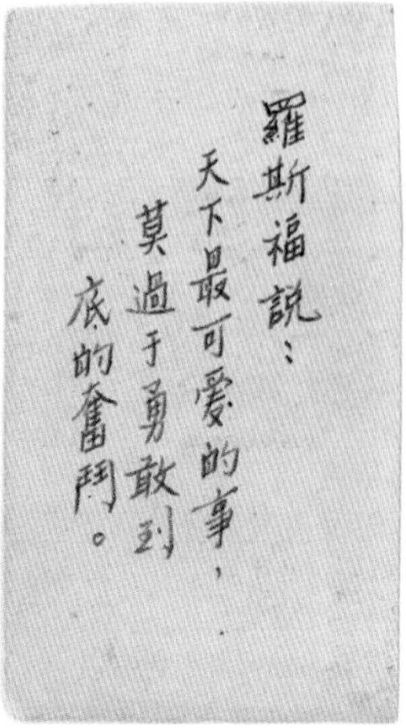
羅斯福說：
天下最可愛的事，
莫過于勇敢到
底的奮鬥。

｜給太老師請安！｜

△ 毓門弟子的師生感情十分濃厚，常常都會帶兒女來磕見太老師。在中央研究院工作的師兄黃德華，就帶女兒來拜見太老師。（此張照片由義子張景興提供）
上文是老師摘自羅斯福的金玉良言。

｜山崖水岸有高山｜

△ 老師這張照片十分俊偉，有嶽峙崖岸的風采。老師供奉光緒皇帝，旁邊有一張照片，那是諾貝爾獎得主，有「詩哲」之稱的印度詩人泰戈爾。泰戈爾曾到宮中晉見溥儀，老師和泰戈爾見過面，十分尊敬泰戈爾。

最後一程，幸好有你相陪

△ 2010 年 11 月 6 日，加大退休教授簡慕善師兄拜訪恩師，行事低調的義子張景興難得留下陪伴老師的照片，此張相片由黃德華師兄提供；除了 2011 年春節有些師兄姐跟老師拜年有留下的合照外，這張影中人是老師的最後身影。

上圖是老師住州尾村渡船留影，倪肅姍師姐攝。

｜笑容可掬，吾愛吾師！｜

△ 老師的形象從來都是雄健剛嚴。這張攝於 2010 年仲夏的照片，是老師病後留影，笑容可掬，十分慈祥，即之也溫。（黃德華師兄攝）

｜靜心養志，時至不失！｜

△ 老師不過年，家中不貼春聯，只有「靜園」貼春聯，我住在靜園第一年，老師貼的是「天下眾生仁者壽」、「世間凡事禮爲尊」。靜園供奉的是光緒帝，我帶孩子在靜園向太老師請安，我和老師在靜園中庭合影時，所養的狐狸狗阿蘇站在側門。

｜老師的家在禮王府！｜

△ 老師出生在今北京西皇城根南街西側的禮王府。禮王府花園就是曹雪芹所寫的紅樓夢的大觀園原型。禮工府現今是民政部的辦公室之 。

｜長白世澤，老師祭太祖｜

△ 老師在民國七十年首度祭太祖努爾哈赤。努爾哈赤的畫像由老師沐手恭繪。老師的偉願是繼太祖奠定中華、長白一村的偉業，繼成華夏天下，開啓長白又一村。

上圖是老師在祖先龍興之地新賓，勘定滿學研究院建院用地。

｜祖宗有靈，永陵成為世界遺產！｜

△ 清代皇陵有三處，東陵、西陵和永陵。永陵建於明萬曆二十六年，葬了肇祖、興祖、景祖、顯祖，是清朝的祖陵。日俄戰爭時，永陵給毀了。老師決定重修斷垣殘壁的永陵，1993 年開始整修，1997 年修成，2004 年列爲聯合國科教文組織的「世界文化遺產名錄」。

｜配殿重建，有主有從！｜

△ 永陵本來有東西配殿，即果房和饍房，遭大水氾濫沖毀，老師捐款重建，照片是已建成的果房。

｜滿學研究，後繼有學人｜

△ 老師斥資興建的「滿學研究院」佔地 11.3 公畝，除主殿外，兩邊建有廂房，正殿和後殿都有廣場和草地，氣派宏偉典雅。由世代修築故宮的大連設計師設計，宮殿式建築。

｜彩繪樑柱，浮雕門板，滿學輝光！｜

△「滿學研究院」的正殿樑柱和迴廊廊柱都彩繪，門板龍紋浮雕，做工精美，日前已成遊覽勝地。

｜奉元弟子聞鐘聲！｜

△ 清太祖建妥赫圖阿拉城後，續建皇家寺廟，最重要的是「顯佑宮」和「地藏寺」，統稱「皇寺」。顯佑宮的銅鐘已毀，老師重鑄，鐘上浮雕臺北奉元書院弟子的名字。

｜皇寺題字，禮烈家聲｜

△「地藏寺」的負責人認爲清代皇族中，溥傑已死，只有老師夠資格爲清代皇家寺廟題字，老師的落款是「長白毓鋆時年九三」。署名「毓鋆」，因地藏寺爲皇帝所建，所以用御賜嘉名。

上面橫匾文字「功德堂」，是懸掛在滿學研究院，因爲是老師自己所建，署名用父親所命的名字「金成」。

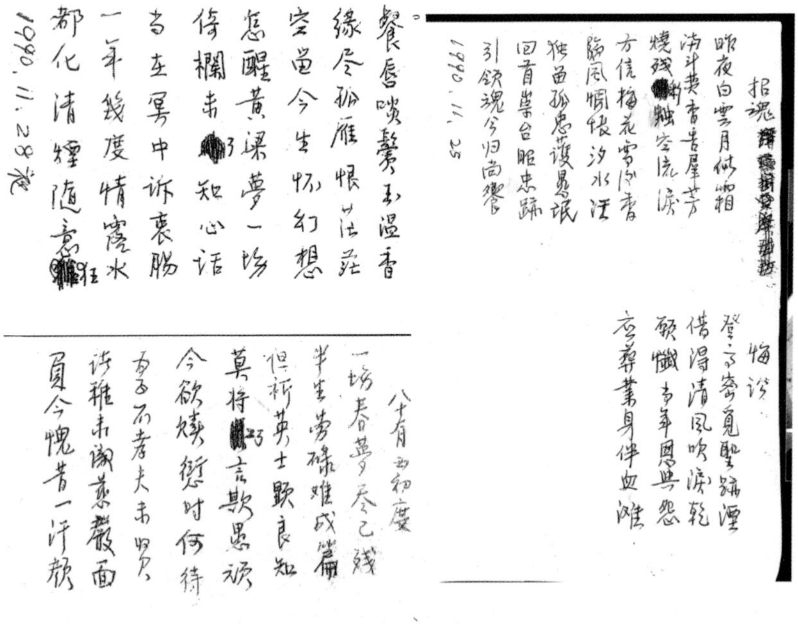

｜倚欄未了知心話，當在冥中訴衷腸｜

△ 老師在 1990.11.25 和 1990.11.28 寫了四首短詩，其中一首詩題爲「招魂」，應是老師聞悉師母往生後的痛斷肝腸之作。師母曾作四六駢文給老師，「倚門閭而望穿雲樹，履林海而恨滿關山」，老師在短詩中也有「倚欄未了知心話，當在冥中訴衷腸」之句。

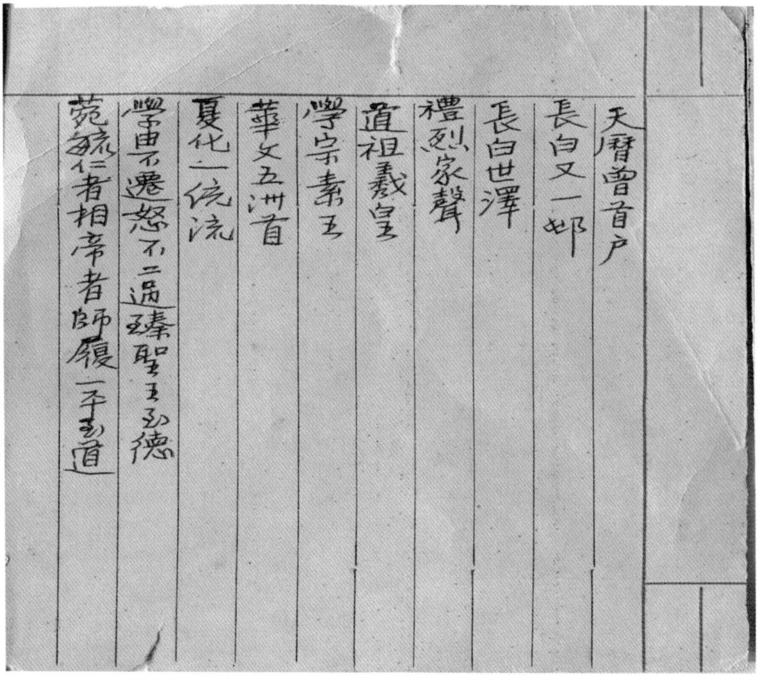

天曆曾首戶
長白又一邨
長白世澤
禮烈家聲
道祖羲皇
學宗素王
華文五洲首
夏化一統流
學由不遷怒不二過臻聖王至德
菀毓仁者相帝者師履一平要道

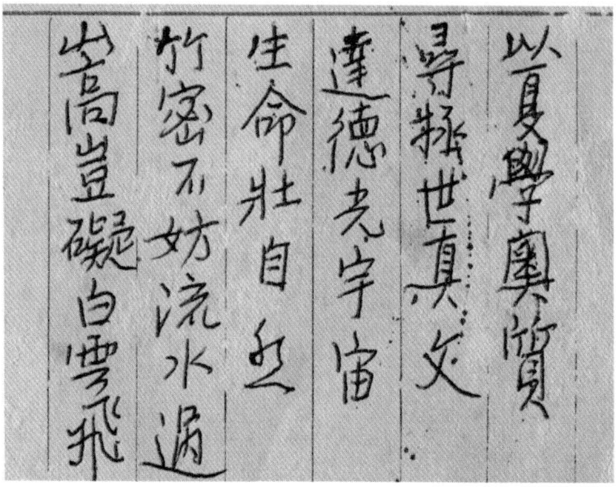

以夏學奧質
尋拯世真文
達德光宇宙
生命壯自在
竹密不妨流水過
山高豈礙白雲飛

｜天曆曾首戶，長白又一村｜

△ 老師曾在四十年前寫了十六行字，這是老師的十六心傳，老師四十年的教學和訓誨弟子都在這十六行中概括，如「道祖羲皇，學宗素王」、「以夏學奧質，尋拯世真文」、「學由不遷怒不貳過臻聖王至德，菀毓仁者相帝者師履一平要道」等文字。

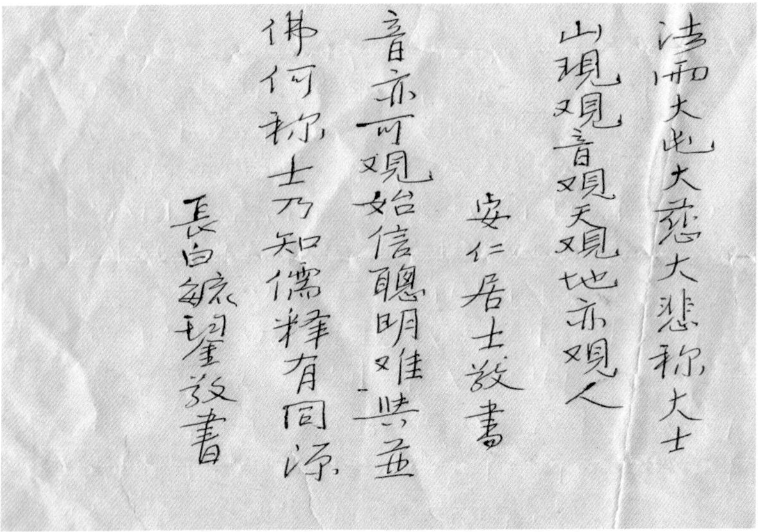
清儒大德大慈大悲稱大士
山觀又觀音觀天觀地亦觀人
安仁居士敬書
音亦可觀始信聰明難共並
佛何稱士乃知儒釋有同源
長白毓鋆敬書

懺悔只有一次，上帝賜
福給不二過的人。你的所
作所為合乎天意，自然
蒙福，沒有任何人可以替
你代禱，更沒人能替上
帝赦免一人個的罪和
祝福給你，所以必須自
求多福。
1989
6.2日

｜大慈大悲稱大士，上帝賜給不二過的人｜

△ 老師雖以儒家人物自居，但也吸收佛教和基督教思想教義，擇錄一些啓發智慧的至理名言，像常引用聖經的「發光作鹽」來訓誨弟子。老師也常勉弟子「有容乃大」，標舉治學態度要能容。

長白又一村

目錄

獻詞

乘願而去——乘願再來

揮別的時候，您的唇角掛了一彎上弦月
舟子輕唱如蓮花綻放的水聲
老師，您是苦口，您是婆心
您是四十年的照獨明燈
您離去不乘御天的六龍，而是渡海西行
您離去不為聽聞兩岸的猿聲
您離去只為一圓重逢親愛的舊夢
我們聽到了老師如慕如訴的歌聲
倚欄未了知心話
當在冥中訴衷腸
我們恭送老師，亦且恭迎老師
元亨利貞，貞下起元
我們相信您乘願而去必將乘願再來

憶遺世獨立的狂狷高士——毓老師

• 孫序

近日，仁圖把他的「長白又一村」的初稿交給我，並邀我爲他寫的毓老師的傳作篇序，因爲我忝列毓老師的門牆，早期弟子，不好推辭，接受了這項任務。春節過後，正月十二日那天，從早到晚，整整一天，一口氣讀完了這本「長白又一村」。我之所以能一氣呵成看完這本傳記，有二個原因。第一個原因：我初次見到毓老師迄今已超過五十年，但對於毓老師一生行事，知道的非常有限，一看到這篇稿子，如同在沙漠中遇到甘泉，巴不得一口氣吞下。另一個原因，仁圖善於敍事，大事小事，鉅細無遺，如行雲流水般，娓娓道來，引人入勝，令人愛不釋手。

人活在世上，總有是是非非的評頭論足。即使聖人孔子也遇譏諷，遭批評。毓老師自然也不例外。對於毓老師也有些蜚短流長，暫且不管那些閑言閑語。他對於太師母的孝敬和對於師母的深情，仰天俯地，世間少有。

毓老師爲太師母戒煙，我是看過毓老師抽煙斗、點煙槍的弟子。毓老師沒說戒煙，就把煙戒了，一點難處也沒有。世人戒煙者，天天在戒煙，日復一日戒不了煙，即使能把煙戒掉的，絕大多數是聽從醫師的警告：要抽煙，還是要保命。多數戒煙的，都是爲保命的；毓老師戒煙是爲報答太師母的慈恩。除了毓老師之外，孤陋寡聞的我，還沒聽說哪個戒煙者是爲報答母親慈恩而戒煙的。毓老師的戒煙與其說毅力過人，不如說出於內心對太師母的恭敬。

當毓老師得知太師母往生後，不信佛的他，發願手繪千幅觀音大士像，爲篤信佛教的太師母做功德，這幅觀音大士像是仿畫聖唐代吳道子的作品。毓老師所畫的這幅觀音大士像，高一三六公分，寬六十四公分，是一幅不容易畫的工筆大畫。毓老師作畫，一勾一勒，一筆一劃，絲毫不苟，其艱辛可知。老師作畫時，已年過七十，三日畫一幅，一年畫百幅，十年畫千幅，需要多麼大的毅力。爲了要達到這個目標，時常睡不著，半夜醒來作畫。畫完這千幅觀音大士像，毓老師已過八十了。老師以耄耋之年爲報慈恩拚命作畫，毫不顧自己身體。放眼世間，爲人子者，爲人女者，除毓老師之外，何人能夠？

毓老師常當著弟子的面，懺悔式說出對不起二個女人。面對學生說出這樣的話，可見他內心的沉痛。這二位女人，一位是太師母，一位是師母。老師與師母聚少離多，但師母的身影無時無刻不縈繞盤桓在他的心上。老師曾在課堂上溜出師母給他的書信，無奈學生之中，沒人能記下全文，也沒有人敢追問他的傷心事，只有人記下了這六十四個字：

> 倚門閭而望穿雲樹，履林海而恨滿關山；
> 兩地相思一言難盡，花蔭竹影滿地離愁；
> 獨對孤燈，一天別恨。
> 月夜，雨夜，無事夜，
> 飯時，眠時，黃昏時，
> 此六時之滋味不可言傳。

由於情深，所以常順口而出這段感人肺腑，悲切淒涼的文字。這段文字也展示了師母出眾的才華，讓我們弟子由衷敬佩。其實，老師到臺灣時只有四十一歲，正值壯年，再娶一妻，何難之有？毓老師沒有再娶，曾自我調侃說「上天沒掉下禮物」。這話只是老師的戲言，千萬不可當真。他沒再娶，因爲深愛師母，不得已而與師母分離，未料這一分別，就永別了，沒能再見一面，再通一次信息，造成他刻骨銘心的痛苦。老師爲不再娶，也曾提出辯解，說：「我們滿族女子個性剛烈，絕不會再嫁，她不再嫁，我能再娶嗎？不只女方要守節，男方也要守節呵！」要求男子守節，這是何等男女平等的思想。老師不但提出這樣的思想，而且身體力行，不像有些滿口仁義道德，見到女子，則行爲不堪聞問的碩學大儒了。記得在洲尾村老師租的房子中，看到大紅木床，在床簾兩旁掛了一幅「不欲即仙骨，無情乃佛心」的對聯。當時年輕的我，不知床邊爲什麼要掛這幅對聯，如今方知爲什麼掛這幅對聯了。老師並非沒有天下掉下來的禮物，而是情繫師母，拾金不昧，把金放在原位了。像這樣的愛情，當今有幾人能夠。

毓老師對太師母的孝敬，和對師母的深情與堅貞，是可爲世人楷模的。

然而，毓老師究竟是個什麼樣的人物呢？讀過「長白又一村」後，心中一直思量這個問題。有一天忽然想到孔子說：「不得中行而與之，必也狂狷乎？狂者進取，狷者有所不爲也。」赫然發現，毓老師就是孔子所說的既「狂」且「狷」者。什麼是「狂」？「狂」就是志向宏大，積極做爲。「狷」就是潔身自愛，有爲有守。毓老師少年時立志復國，其後爲復國而奔走。他的復國不是建立滿洲國，而是要恢復大清帝國。這個復國志向不可謂不宏大。日本戰敗投降，他的復國大業也隨之告終，且成了階下囚，民國三十六年被國民政府送到臺灣看管，毓老師雖然成爲受監視的階下囚，卻立下了「以夏學奧質，尋拯世真文」宏願

——發揚夏學文化爲拯救世界的公天下文化志向，設帳授徒，按部就班，邁向目標。北京清華大學副校長來臺敦請老師到清華開設書院，不意老師突然坐化了。毓老師恢復大清、發揚夏學，這樣的志向不可謂不宏大；於逆境之中毫不氣餒，積極做爲。這在在稱得上孔子所說的「狂」。又終身不再娶、終身不再仕，不接受國民政府的津貼和補助，靠著前來求學弟子的束脩，過著自食其力的簡樸生活，潔身自愛，有爲有守，足以稱得上孔子所說的「狷」。毓老師就是孔子所稱的既「狂」且「狷」的特立獨行之高士。

爲毓老師作傳記很難，他不想身後留名，多次焚毀手稿，不留文字，多虧仁圖，不憚煩勞，勤訪同門，檢索文籍，東鱗西爪，才寫成了「長白又一村」。這本傳記使我們知曉到毓老師不爲人知的坎坷一生，高尚的人格和偉大的愛情，同時也解除我們心中很多的謎團。

這不僅是一本毓老師的傳記，也是一本啓人心智的書籍。仁圖若不發心許願，是完成不了這本書，最後，在此向仁圖敬禮。

二〇一二年二月二十三日　孫鐵剛識於臺北

思親何需逢佳節・張序

原來，思親的絲線是如此難理的糾纏；原來，思親的角落是如此遼闊——天宇蒼蒼茫茫，待擡頭回首，冬去春來，阿瑪已走了一年。

這時，我們少了阿瑪的一家，才深深體會，感情最深的折磨莫過於喪親，才知道失去一家之主的六神無主。

民國五十七年，我在臺北就讀高中，十七歲就有幸侍奉阿瑪，但與其說是我侍奉阿瑪，不如說阿瑪照顧在學的我。我較常做的工作是洒掃房舍，洗衣服，幫曾經煙癮不小的阿瑪捲紙煙，陪伴阿瑪從住處的內湖洲美村坐船到對岸的館子吃包月飯，以及打籃球。

真正說，我能侍奉阿瑪是在娶了媳婦，阿瑪有了兩個小孫子，我們真正有了家之後。

我學的是法商，一批又一批的師兄姐從古籍中得到阿瑪的智慧啓發，而我們夫婦和孩子卻從阿瑪的生活言行中學得立身之道，也知曉阿瑪所喜所愛。

阿瑪度過一〇六個春秋，我在阿瑪身邊四十五年，許多人都很好奇阿瑪如何維生養身，其實這也是我們夫婦最得意之處。

有文字記載阿瑪來臺打坐六十四年，阿瑪一直吃素，其實不盡然。

阿瑪在八十三歲罹患胃潰瘍，還發現癌細胞，臺大醫院主治醫生是臺灣第一個院士醫生、吳伯雄的親姐夫宋瑞樓。宋醫生說：「非開刀不可，但是年齡太大，開刀很危險。」阿瑪問：「不開刀呢？」宋醫生答說：「不開刀更危險。」阿瑪斷然說：「那就開刀啊！」

主刀醫生是當時外科主任陳楷模，切掉了三分之一的胃。囑咐不能太勞累，否則活不過三年。阿瑪卻痊癒如昔，還以爲未來日子不長，越加用心費力。

我和媳婦在阿瑪出院後，除了購買雲南白藥、抗癌寧讓阿瑪服用外，還建議阿瑪兩件事，一是打坐代替睡床，二是試吃一些合口味的食物。

阿瑪以前就常打坐，打坐對阿瑪來說，可說是習以爲常，阿瑪每天從晚上十一時打坐到隔日清晨四點。吃素對阿瑪而言，是件難事。

阿瑪從小只吃水菓，不吃青菜；海鮮不吃，阿瑪嫌蝦子腥味重，魚類只吃鯉魚，因爲小時候宮廷爲了防火災，放置許多大水缸，養了鯉魚。

阿瑪也討厭吃稀飯，喜歡啃槓子頭（吃硬饅頭）、酢醬麵和大滷麵，但酢醬麵用豆瓣醬，吃久會膩。我們針對阿瑪喜好蒸蛋的口味，將蕃茄加蛋、蔥花、洋蔥，調製成一種特殊的醬料。

阿瑪病後有高血壓、氣喘小病痛，需要減肥，阿瑪又有牙周病，不能吃高鉀食物，我們只讓阿瑪吃一個小饅頭，將青菜燙水後剁碎，讓阿瑪吃菜當吃藥。

阿瑪過了九十歲，有頭暈現象，阿瑪喜歡蒜味，我們將蒜料加在起司片。

阿瑪本來排斥西洋食物，九十五歲後好像脫胎換骨，開始嘗試吃漢堡、義大利麵、通心粉，尤其喜歡大蝴蝶結的通心粉，因爲臺北買不到，親家母常從南部帶上來；阿瑪甚至嘗試吃阿拉伯食物沙威瑪，阿瑪最後晚年也吃了一點蝦仁和其他魚。

我們看阿瑪嘗試吃各種食物，看阿瑪有時連聲說好，我們樂在其中。媳婦買菜回來，阿瑪喜歡看看，媳婦解釋一些東西不能吃，老師笑說：「老小嗎，老來小，不能吃，看看也好！」

阿瑪喜吃豆腐腦，水煮花生，我們把這份光榮工作讓給他鍾愛的孫子。當阿瑪接過孫子買回的食物，笑顏慈祥可親。

阿瑪不吹冷氣，溫州街房子剛買時，屋主送了一臺冷氣機，阿瑪習慣手搖孔明扇，三十多度的高溫，身穿長袍的阿瑪仍然悠哉悠哉，不開冷氣，那臺冷氣機雖然已過三十多年，至今還是可以用。

阿瑪泡茶，熱茶放在客廳的矮桌上，矮桌有十幾個突起的疙瘩。

阿瑪衣服有些穿了幾十年，棉絮硬了，冬天不保暖。西元二〇一〇年，我在北京瑞蚨祥衣鋪，以自己的身長爲參考，幫阿瑪量製了一套新棉絮長袍，輕柔溫軟，阿瑪十分喜愛，可惜的是阿瑪穿不了一年。

長期照顧阿瑪的臺大醫院醫生陳淳、江福田、蒲永孝、周正成是阿瑪得以長壽的大恩人。

阿瑪一去，媳婦買菜作飯的興緻低落許多，兩個孫子好似一夕間長大，話少了，沉思時間多了，臉上總有揮之不去的落寞。

睹物思人，我心傷悲。始信感情最深的折磨莫過於喪親。

阿瑪十分重視年節，元宵節要備元宵，清明節要有糕品，端午節得有粽子，中秋節少不了月餅，冬至的臘八粥不可無。阿瑪晚年不能吃油膩食品，只能見孫兒大快朵頤，但阿瑪卻流露真樂神情。

每逢佳節倍思親，阿瑪去矣，思親又豈需要逢佳節呢！

義子景興謹識於阿瑪周年前夕

拼圖憶老師・自序

「你寫的毓老師既傳奇又神秘，近代人物罕見，大陸跟港澳都不知道這號精彩人物，應該爲毓老師作傳。」香港天地圖書公司董事長陳松齡兄和副總編輯孫立川兄印行拙著，看到毓老師的記載文字，建議說。

老師從四歲開始讀書，讀到一〇六歲，讀書百年，讀書之久，古今中外未見超過老師者，可說是傳奇。

老師老年無病，頭腦越老越清楚，智慧越老越圓通，四十一歲到臺灣即從事教學，教誨弟子六十年，超過萬人；老師誨人不倦一甲子和收徒之多超過孔子，不可不謂之傳奇。

老師在毓慶宮當溥儀伴讀，宮廷老師集天下鴻儒碩彥，陳寶琛、羅振玉、王國維、鄭孝胥、葉玉麟、柯劭忞、康有爲等人都是恩師，老師的師門淵源、風儀，當然也是傳奇。

只有清華大學國學院旁聽生學歷的老師教導洋博士弟子讀中國古籍約百人，老師的推薦函在美國的學術界，份量不下學位證書，老師的洋博士弟子在七、八十年代執外國漢學界牛耳，這份成就從來未有，以後也不可能有，說傳奇當不爲過。

第二次世界大戰發動者希特勒和墨索里尼，東方人大都只聞昭昭惡名，未見其人，在滿洲國當末代皇帝溥儀御前行走、掌管軍機的老師，曾奉溥儀之命遠到德國面見二人；老師還在滿洲軍官學校講王道，聽課的人包括日本前首相吉田茂和前韓國大統領朴正熙，老師的際會風雲，絕對是膾炙後人的傳奇。

國共關鍵性大決戰在東北四平，四平是老師的封地，國民黨要人蔣中正、李宗仁、陳誠、汪精衛，共產黨的領導人周恩來、董必武，都和老師見過面，這也是傳奇。

傳奇說不完的老師，在臺灣所收的萬名弟子中，每人讀書大多超過二、三年，有的聽了三、四十年的課，但大家入門時，只知道老師叫「毓老」，離開也僅只知道老師是王爺，仍不曉是什麼王爺。有師兄弟知道老師滿族名字是「愛新覺羅毓鋆」，卻把皇帝賜給老師之名毓鋆的「鋆」字給唸錯了。

「天德黌舍」（後來擴充為「奉元書院」）弟子幾乎全不曉老師在臺灣的戶籍登記名字是「劉柱林」；「劉柱林」不是老師父母的命名或老師自取，而是一個救命恩人的名字。「劉柱林」的名字是在老師開弔之日，宣讀總統褒揚令，才首度公諸於世。

不只老師的真正名字，弟子不知道，「天德黌舍」的弟子也不曉得這四字的命名有緬懷大清先祖的深義。

老師在新店有座園子「靜園」，弟子們依字面解讀是「寧靜之園」，不曉溥儀被迫離開紫禁城，在天津所租的最後行在就叫「靜園」，整個復辟工作就在靜園進行，「靜園」是老師為紀念滿洲國而取的名字。

老師的神秘和他民國三十六年就孤身來臺灣有關。老師上課說：「靠祖宗吃飯，談背景，丟臉」；又在上易經課講到乾卦文言初九潛龍勿用：「龍德而隱者也，不易乎世，不成乎名，遯世無悶，不見是而無悶，樂則行之，憂則違之，確乎其不可拔，潛龍也」，即神色凜然，胸板拔直道：「在這翻天覆地大變局，老師這幾十年來，守的就是這一爻。」

老師不喜浮世之名，不接受媒體採訪，上課不談自己出身背景，本人又十分威嚴，弟子們只知道老師十分神秘，卻不曉得老師在民國三十六年來臺灣，不是像三十八年的國民黨大逃難，而是當年的國民政府主席蔣中正，不敢大用老師，又怕被共產黨利用，在三十六年，繼張學良之後，將老師監管至臺灣。蔣家父子失去大陸政權來臺灣，對老師仍不放心，派調查員偽裝成弟子，監聽老師的一言一動。

說傳奇，老師不只當之無愧，而且是傳奇中的傳奇；道神秘，近代人物再沒有比老師更神秘的了。

「我們萬名弟子，只能在近代史舞台，浮光掠影地捕捉老師的身影，很難爲老師立傳。」我向孫副總喟嘆。

「你雖然自認只能浮光掠影說毓老師，我們卻感覺毓老師的風采霞光萬道；爲毓老師的神秘傳奇作傳，是你們弟子的責任。」孫副總說。

老師多次神情儼然自謂「不易乎世，不成乎名」，我們當弟子的自然凜遵師命，「天德黌舍」創辦十年內，未見片言隻語介紹老師。

我在民國六十年成爲「天德黌舍」正式招收臺灣的大學生弟子，只讀三年書，臺灣大學哲學系畢業後就離開師門。七、八〇年代，兩岸局勢緊張，前景未明，老師的行止出處十分謹慎，雅不願弟子任意爲文。一九八〇年，我發表「鐘聲二十一響」，在報章連載，其中一文約三千字感懷師恩，見諸報端時，我惶恐不安多日，深怕老師怪罪；老師晚年，兩岸時局趨勢於穩定，時變勢異，老師訓勉弟子「時乘六龍以御天」，不時鼓勵弟子多寫文章。

「長白又一村」撰寫時，我參酌了四十年來攸關老師的報導資料，只有高雄師範大學經學研究所首任所長黃忠天、前南華大學校長龔鵬程，曾經在臺大哲學系任教的鐘友聯，以及王鎮華、黃德華、黃憲宇、賴聲羽、賓靜蓀、張輝誠等幾位師兄姐寥寥數文。

老師長辭後，毓門弟子恭印了「毓老師紀念集」，百日紀念會又輯印「毓老師百日紀念會文集」，二書中也只見十數位師兄姐為文悼念，他們是李濟捷、劉君祖、孫中興、蔡明勳、林義正、周義雄、李蓬齡、陳復思、郭中翰、龍思明、曾百薇、吳益謙、吳哲生、薛丹琦等人。

我還請教老師義子張景興夫婦和同門白培霖、王初慶、黃大炯、賈秉坤、周正成、呂世浩、陳文昌、張元、阮品嘉、張錦秀、吳榮彬、潘英俊、吳宏達、馬康莊、顏銓潁、沙平頤、蔡濟行等多位師兄姐；感謝吳秀貞師姐所提供的兩張老師素描。

老師得以高壽，殫竭心力，為老師作菜的義子媳婦當居第一功。孫鐵剛師兄和義子張景興應允為此書作序，十分感激。徐泓師兄肩負「奉元書院」在中國的發展前景重擔，兩岸奔波，同門應致敬意。

老師在中國大陸歷經遜位、復國、亡國、辭廟，我未親眼目睹，而老師在臺灣作育英才的音容宛在，幾次中夜醒來：那是戰鼓震天，殺聲四起的民國初期年代，那也是一個臺灣孩子需要教養啓迪的年代，我凝視眼前不清的身影，或武或文，或威或慈，我真不曉能拼成多少老師嶽峙崖岸、神氣清朗的風采圖形。

我曾發表過感謝恩師的文章三篇，短的三千字，多的一萬餘字，「長白又一村」雖寫成一本書，我仍自覺無能爲老師作傳，只是在老師作別人間後，多位師兄姐的哀思更深更濃，提供不少珍貴的追憶，讓我得以多寫了一些文字罷了。

由於大時代見證者、大時代參與者的老師，傳奇且神秘，我對老師的傳奇，所知有限，而有些神秘性的故實，學長又各有說法，我只能併存；因此，「長白又一村」無法用客觀性、歷史考證式的第三人稱敍述，而用第一人稱來圖拼追憶老師，我個人的身影難免入鏡。

徐泓、孫鐵剛、黃德華、白培霖、賈秉坤、劉君祖、吳榮彬、顏銓頴等同門師兄，幫此書作最後校訂，老師一定會滿心歡喜。

老師在一九九八年端午節晚上立誓，「繼成華夏天下，長白又一村」，故而書名「長白又一村」。

天德黌舍弟子

許仁圖識於二〇一二年三月二十日出版前夕

一、太祖天命溥儀康德

長白山連峰疊巒，綿延千里，座落在中國吉林省東南，與朝鮮接壤。長白山的山頂是灰白色岩石，宛如長年皆白的積雪，每年入冬後，厚雪覆蓋，滿山皆白，在燦爛陽光照射下，閃耀銀白色的光芒，而群峰之顛的天池，就像一塊碩大的碧玉，鑲崁其上，熠熠生輝。

明朝嘉靖二十八年（西元一五五九年），遼東邊牆以東，長白山群峰環抱的赫圖阿拉（今遼寧新賓滿族永陵自治縣），一戶姓愛新覺羅氏的女真貴族人家，誕生了一個男孩，取名努爾哈赤，這男孩就是後金政權的創建者，大清王朝的奠基人，被尊爲「奉天覆育列國英明汗」，他的後代子孫尊奉爲「清太祖武皇帝」。

我作此描述，好似著意在清朝史地的記敍，事實上，我正想像一個即將見面的老師，因爲授課的堂廳懸掛了清太祖努爾哈赤的畫像和「長白又一村」的字，不免意想一位臺大學長所稱的「毓老」是何等人物？

一九七一年（民國六十年）十月的某一週六早上七點四十分左右，我來到臺北市臥龍街一戶看似尋常人家。紅漆木門前，按了門鈴，端看門上兩個「金寓」的小鐵皮字。不到兩分鐘，左邊偏門由內而開，我向開門的學長（陳文昌）點頭說「來聽課」。

我剛進門，後面陸續跟進不少我的未來同門學長。

這是一棟有圍牆的二樓白色洋房，紅門後有一個小花園，一樓左邊是小型客廳，右邊長方型地方，擺放了四行八排的褐色大學椅（後來聽課弟子增多，為方便移動，改坐圓板凳，手拿寫生圖板）。

小客廳還懸掛了一幅字體很粗的木框橫匾字，是清末維新運動的主導者康有為手書的「詠幽軒」。

長方形的堂廳向內一端正中央，有一個披了黃色膠布的長桌，桌上放筆架和幾本書，正對整間教室，有一張大椅，椅上掛一方黑板，懸了「長白又一村，遜國花甲祭」的橫字，對面牆壁還有一幅滿洲人畫像：鳳眼，兩撇八字鬍十分長，清朝史書上常見這張清太祖努爾哈赤的畫像。

我最早到，兩眼好奇地凝視這三張字畫。心想「毓老」果然來頭不小。

幾天前，一個曾在中國文化學院（今中國文化大學）哲學系唸過書的高一屆陳姓學長跟我說：「毓老要成立私塾招學生！」

「毓老是誰？」

「一個前清王爺。」

「開什麼課？」

「論語。」

「那兒？」

「他的住宅——在臥龍街嘛！」

我楞了一下，隨口問了詳細地址。

陳姓學長跟我只有幾面之緣，他介紹我聽毓老師的課，大概認爲我需要毓老師調教。

我在一九六九年考上當時的省立中興大學歷史系，一九七〇年重考輔仁大學哲學系，一九七一年轉學到臺灣大學哲學系，三年之間讀了三所大學，由歷史系到哲學系，又選修中文系，喜歡高談闊論西方文哲作品。

臺灣的大學文學院在六〇年代末、七十年代初，盛行西方文史哲學，引領風潮的是志文出版社所翻譯出版的「新潮文庫」。

那時正流行諾貝爾文學獎得主赫塞、羅素、史坦貝克、雷馬克以及心理分析大師佛洛伊德、佛洛姆等人的作品，臺灣大學哲學系又以符號邏輯、形上學、知識論等西方哲學爲授課主體。自由民主意識在校園滋長瀰漫，剛過世的殷海光教授作品雖遭查禁，哲學系學生仍受殷海光的影響。中國哲學原典用文言文記載，有些艱深，自己雖然沒好好讀通一本書，卻張口閉口線裝書要扔進毛坑，大概就是這種無知又自以爲是的猖狂，曾在中國文化學院聽過毓老師上過論語的陳學長，才告訴我老師要收徒講學。

可能是好奇心使然吧！都已經是民國六十年了，居然還有什麼王爺、私塾，還住在一條名爲「臥龍街」的地方，讓我聯想到諸葛亮躬耕南陽的臥龍崗；臺灣高中課程有文化基本教材，每個高中生都讀過論語，有什麼好教的。

就因爲好奇加上存疑，我只帶了一本小筆記，一派悠閒，想看看這個王爺到底有何魅力。

八點未到，所有位子都已坐滿，慢來的坐在客廳的沙發椅上，還有人擠不進堂廳，就站在窗外。

上課前的氣氛，迥別於一般大學堂。一般大學，同學在老師未來前交頭接耳，高談闊論；入門弟子，每個人都靜靜看著手中蔣伯潛廣解的「四書讀本」。

老師一進堂廳，我內心顫震凜然。一個人若是沒有威儀，即使君王也望之不似人君。清宮影劇人物的王爺演來常見高貴氣。老師一身長袍馬褂，足蹬布鞋，頭戴瓜皮帽，濃眉短髭，海下鬚長約七寸，烏黑而有光澤，右手戴一枚玉扳指，左手腕有一個極爲漂亮的綠色玉鐲，嶽峙崖岸的風采，比戲劇人物更爲懾人。

我慌忙和同學站起，恭敬鞠躬。老師右手輕擺道「坐，坐下」，同學相繼落座。

我不知道這是老師首度公開招收大學程度以上的弟子，而我因緣際會聽到了第一堂課。

普通大學新生開學，老師都會說些場面話或勉勵的話。老師第一句話卻直說：「什麼是論語，論語是論道之語。論道就要聞道、知道，許多人未聞道，偏偏滿口說知道。道有形而上的生天生地之道，也有形而下的修養、修行之道。天地萬物都有道，天有天道，地有地道，人有人道，一個人有能力，就說這個人有道道。人能弘道，非道弘人，人之所以爲天地之性最貴者也，就因爲能弘道。孔子之道是什麼？孔子自己說『吾道一以貫之』，論語是語錄式文字章句，你必得有能耐一以貫之，才懂得孔子之道。……」

一般人所知道的「論語」。就是孔子向弟子教誨的一本書書名而已，那想到老師提撕這兩字竟然有那麼寬闊天地、那麼高深的道理。

老師接著進入學而篇的解讀，從「說文解字」和「白虎通義」，解釋「學」

爲「覺也」、「效也」說起，「學」要自知不足而倣效，君子和小人之別就在學，君子下學而上達，小人困而不學，老師突然問：「你們到這兒求學、做學生，什麼是『學生』？」

臺灣學子從小學入學起，就當了學生，誰都知曉學生的身分，但大家直覺老師這一問，必有深義，面面相覷，不敢自曝其短。

「學生就是要學慰問蒼生、造就蒼生，爲蒼生謀啊！」老師給「學生」二字作了甚深微妙解說。

老師接著說「時」字，引孟子稱讚孔子是集大成的「聖之時者也」，向我們清楚說明，孔子之學是「時」而非「仁」，仁是堯舜禹湯等聖賢相傳的中國之學。同學個個神色奮發，振筆疾書。老師連說四個小時，只談了三個字：學、時、仁，直到週日隔天，又說了四個小時，才講完「學而時習之」這一章的三十二個字。

老師一字一字解讀，一句一句詮釋，每一字都是活的，都有一片令人神馳飛揚的天地，每一句都有無盡藏的深義，老師把每一個字每一行每一句都說得通透，讓大家銘記於心，擁有每一個字句的真義。老師依經解經，依孔子他章他句印證此章此句，沒有遊詞，不像當時有些名師口沫橫飛，只是在外繞圈子，我遂有一個感覺：真正有學問的人，一個字可以說很久，有終有始，有本有末，若能默識於心，這個字就成爲你的；有些人講半天卻講不出一個字，因爲那個字還是倉頡的。

易經第四卦蒙卦，人生下來蒙昧無知，需要啓蒙，二十多年來，我初次有了被啓蒙的感動。那是多深的機緣呵！四十年來，我不時浮現深受震撼的那天啓蒙情景，不時沈醉在老師解經的喜悅中，也不禁自責當年的疏略輕狂。

中國歷代皇帝后妃中，我總認爲最見道的勸學之言出自武則天。

「無上甚深微妙法，百千萬劫難遭遇；我今見聞得受持，願解如來真實義。」

這四句文字是佛經的開經贊，每一本佛書的第一頁都有此贊，不只一般出家和尙尼姑誦經時唸，修持有得的方丈、高僧誦經時也要唸，這四句贊文就是曾當過尼姑的武則天（老師說武則天乾坤之道備矣）所說的。

老師的私塾教學，依經解經，是中國傳統的書院教讀方式。西方教育重視個體的獨立思考，教師鼓勵學子發問，藉機啓迪；中國傳統教育大是不同，爲人師表的老師，在先聖先賢承先啓後的訓誨下，不只要有望之儼然的威儀，更要有飽經世患的圓熟智慧，可以傳道、授業和解惑。

由於老師和弟子間的知識、智慧、人生歷鍊相差太大，中國教師的傳道大都單向、由上而下的啓發。我聽老師的課，奮筆記錄，一顆心沈浸於「學而時習之，不亦說乎」的喜悅中。

論語書中，孔子向弟子曾子和子貢說「吾道一以貫之」，老師一貫孔子之道來解讀論語。我只聽了論語第一章，就體悟老師已將中華文化的主流思想作了界說，也將孔學定了位。

老師這種逐字逐句深解的讀經方式，和當時大學教課方式大是不同。我舉老師和屈萬里先生教讀之不同爲例。

屈萬里教授不只當過臺灣大學中文系主任，也當過中央研究院的歷史研究所所長。屈先生以治詩經、尙書聞名，我在大二選了屈先生在中文系開的尙書學分。

屈先生上第一堂課堯典「曰若稽古帝堯，曰放勳。欽、明、文思安安，允恭克讓」，然後解讀說：「曰若，發語詞，無義。稽，考察。放勳，堯的名字。欽，敬謹。明，明達。文，文雅。思，謀慮。安安，和柔。允，誠然。克，能夠。這句話是說，（我們來）考察古代的帝王堯，他叫做堯。他敬謹、明達、文雅、有計謀、而又溫和，誠然恭敬能夠謙讓。」屈先生解說這段文句大約五分鐘，偏向古文家說經方式。

老師說，古文每一個字都不同，各有其義，像「欽」和「敬」雖常合詞「欽敬」，但二字有別。敬是體，主內，所以說「禮主敬」，「欽」指用事而言，以前皇帝詔書，後面兩字「欽此」，就是好好敬慎其事，依詔書敬謹辦事；「明」是容光必照焉，日月合字就是「明」，日月無私照，大公無私，多小的細縫，只要光能照進的地方，日月就照到那兒；「文」是經天緯地，能夠經緯天地之人，才配稱「文人」；「思」是慮深通敏，「思」不是多思、雜思，而是能慮深、慮深才能通達敏於事……老師將「欽明文思」四字，說了四個小時，幾乎將每一個字解讀一小時。老師解經，主講今文家的義理。

同樣一本古書、一篇文章，毓老師似乎以自己的人事閱歷舉證，把一句句、一段段經文完全活化了，可以用在日常生活上；屈先生的教法，則是把古文經典死翻譯成白話，古文人物和事物離我數千年。遺憾的是，大學的古文教學，都是屈先生式的教讀法。

老師曾說，能說出每一個字的來源、生命。深義，就是「大」；用無味的白話翻譯、短淺的眼光看幾千年大人物，就是「小」。

我一下子成為毓老師的超級粉絲，也成了臺大課堂的逃課學生。

老師決定開設「天德黌舍」講古書，招收臺灣的大學弟子，沒有新聞披露，沒有在學校貼字條周知，只是透過幾個曾在文化學院聽過課的弟子口傳介紹。告知我這消息的學長當天沒有到黌舍，而我竟然成為「天德黌舍」公開招收臺灣大學生的首批弟子，聽到了老師的第一堂課，這豈非「百千萬劫難遭遇」。

老師告訴我們這些殊勝聽課弟子，是「天德黌舍」第一班生。「黌」音ㄏㄨㄥˊ，古代學校名，古代學校叫「黌宮」、「黌宇」，後漢書「儒林傳」云：「順帝感翟酺之言，乃更修黌宇，凡所造構二百四十房，千八百五十室」，「黌宇」也作「黌舍」；我初時不認識「黌」字，還唸成「學」舍。

大概看到我們第一班弟子「孺子可教也」，「論語」在週六、週日早上開課外，老師又陸續開了「孝經」、「禮記」、「尚書」、「詩經」、「周易」、「孟子」、「資治通鑑」、「孫子兵法」、「史記」等課。

臺灣有句俗話，「呷好倒相報」，殊勝因緣不能獨享，我領了幾位好友進入黌舍，已經入門的師兄姐也呼朋引伴而來。

進入「天德黌舍」，我的心情穩定下來，不再疑惑，我知道自己的方向。

我對大學採行的演講式教育功能打了問號。大學教學採學分制，兩個學分就是一星期兩小時，學子們學習受時數影響，只能作間斷式學習，而多數教授講師都用演講方式教學，引用原典發表自己的研究心得，未必然是原典本來思想，毓老師則是一字一字教讀，切近原典原義。

「知止而後有定，定而後能靜，靜而後能安，安而後能慮，慮而後能得」（大學），我既然知止、知道自己的方向，於是決定定下心來，全心讀經。每天早上大約四、五點鐘起來背經書，尤其是易經和尚書。

我還主動向老師稟報，希望有機會抄寫老師上課的錄音帶，得到老師應允，常常未到臺大上課，早上八點多就直到黌舍。

曾經滄海難為水，聽了老師的課，很難再聽其他教師只能把古文翻得通順的課。

我對哲學系的必修和選修的課，幾乎是應付性的。「中國哲學史」是李日章老師開的哲學系必修課，用的課本是馮友蘭的「中國哲學史」。馮先生的哲學史，我沒有閱讀熱忱，李老師上到宋明理學，期中考，我參考了好友范姓同學的卷子作答，不料范同學也沒有好好看馮友蘭的哲學史。某一天，范同學去上課，我缺課，李老師特別叫我的名字，要范同學傳話給我，向他好好解釋。我只好坦白，自己正全力研究經學，並引易經繫辭傳的「窮理盡性以至於命」來解讀宋明理學的源頭。李老師不只原諒我，還要我代他上了一堂「中國哲學史」的課，我轉述了老師一些說法，同學們大爲驚奇，問我從哪兒學來的。

老師講「大學」，大學就是「學大」，有容乃大，大學要學大公無私，容光必照；臺灣大學當時學風崇尚自由，一些哲學系老師確是有容之士。

老師稱讚屈先生內方外和，我們上詩經的課，就用屈先生的「詩經釋義」，但老師和屈先生治學方式不同，大概跟受學經歷有關。

老師說起他當年拜師情形。拜完師，送太老師楚、夾二板，漆紅色，供於聖像前，小時嚴教，長後不受法刑，師嚴而後道尊，師要有嚴身之德；太老師賜皮線所串的百粒珠子，每日讀百字，數著珠子日唸百遍，背百遍。生書背成熟書後，太老師再開講、回講、提文，老師接文，如此教讀方式雖然呆板，卻十分深刻，容易融會貫通，老師很少引用注解，老師說：「書讀百遍自通，孔子並沒有教我們讀論語讀注解的。」

老師是清朝「末代皇帝」溥儀的伴讀，教導老師的太傅陳寶琛和羅振玉、王國維、康有爲、鄭孝胥、葉玉麟、柯劭忞等人俱是望重士林的名師，老師設立「天德黌舍」已經六十六歲，讀書六十年，老師說經，何止達而已，有些章文用今日的口語白話解讀，比原文更通神，老師曾說：「會說話的人，可以把死人講活，把活人氣死。」

我且舉五章爲證。

述而篇，孔子批評子路「暴虎馮河，死而無悔者，吾不與也。」老師說：「旱鴨子當救生員，死到臨頭還不覺悟，我不陪葬」，同學們聽了忍不住笑出聲來。

爲政篇子貢問君子，子曰：「先行其言，而後從之」；老師解讀只有四個字：「先做再說」。

子罕篇子曰：「譬如爲山，未成一簣，止，吾止也；譬如平地，雖覆一簣，進，吾往也」，老師說：「事在人爲」。

衛靈公篇子曰：「有教無類」；老師說孔子不知哪塊雲有雨，所以是雲即一視同仁。

季氏篇鯉過庭，孔子向兒子孔鯉說「不學詩無以言」；老師解讀：「不學詩，不知人民受苦，就不能爲老百姓說話！」

聽老師說論語，我們會覺得好似老師在講自己人生體悟和修爲，或者說老師說論語有如孔子自道。我有個唐突的想法，若是孔子復生，坐在「天德黌舍」，聽老師講論語，必也「莞爾而笑」吧！

黌舍的師兄姐們不只沈醉在老師的智慧學海中，也喜歡聽老師臧否人物、說笑話。

老師說，不談政治，不成儒家，他為政願學雍正，現代人批評古人古板冬烘，但是我們看現代官員連批公文都不會，只知道用一個「如擬」。越上面的越沒學問，光會簽「擬如擬」、「擬擬如擬」，雍正則在奏摺上常批「知道了！」（副總統吳敦義曾學布袋戲口白，批文「然也」，算是較有創意的）

今人小說、戲劇常誇大杜撰故事情節，像大玉兒再婚、雍正更改遺詔，都宣傳是「清宮秘聞」。老師生活在皇宮，沒有秘聞，只有親見耳聞，老師說，那全是杜撰。

明崇禎自縊於煤山。老師說，煤山不產煤，而是防備皇宮一旦被外敵包圍，用作屯煤之地。崇禎自縊，不是臨時起意，而是看好時辰才上吊，太監也陪吊，所以陪葬皇陵。

老師感慨說，清朝為收服漢人民心，宣佈吊死崇禎的樹有罪，用鐵鍊鍊起來。民國解放此樹，但奇怪的是，此樹不粗，不曉是不是自覺罪孽深重，吊死了皇帝，三百年來，一直不長。老師又說，崇禎陵是清朝修的，光緒陵是民國修的，只有宣統沒有皇陵，葬在公墓。

老師還說，我們常見的慈禧坐像，後面有既粗又壯的女子，這女子是慈禧的保鑣，民裝大腳，武功高強，折斷煙桿刺人胸，一氣呵成，被刺中者登時倒地。慈禧太后對人很兇，卻十分溺愛狗，手中常抱狗，穿的衣袍顏色和狗的毛色相同。頤和園是給慈禧太后頤養天年之園。

老師也說了自己一則故事，有一天不慎掉入頤和園的水池內，掙出時，右手抓住一樣東西，竟是商朝古玉鐲。老師上課時，常帶一琥珀色玉鐲，不曉是否就是從頤和園池內抓上來那件商玉。

老師不吹冷氣、電風扇，只搖扇子；老師穿深色衣搖檀香扇，穿淺色衣搖象牙扇，扇骨刻了出師表；扇子顏色襯托衣色，不是向慈禧太后學的。文化越久遠越細緻，中國古人一變天色就更衣。

老師的清宮典故，有些說法和別人不同，溥儀曾在「我的前半生」說，清朝宗室不論有無爵位，都在腰間繫上一條杏黃色的帶子。黃帶子立於公堂可不跪，獄官打不得罵不得，不論地方官多麼大，也沒有殺黃帶子的權力，只有「宗人府」才能秉承皇帝命令懲治，溥儀還說比黃帶子支派要遠些的愛新覺羅氏宗族，則腰繫紅帶子，叫他們爲「覺羅」。

老師對紅帶子的說法不同，腰繫紅帶子，是因爲這家出了皇后。老師母系鈕祜祿氏最後的一位皇后是慈安，慈安立后，家族立刻紮紅帶子。老師的說法，紅帶子是姻親關係，有別於皇室繫黃帶子的血親關係。

老師也趣談國民黨怎麼輸了東北。民國初年，日本的科技高出國民政府很多，接收臺灣時，國民政府軍穿著草鞋，擔著鍋子臉盆，看到臺灣人使用自來水，只要扭一下水龍頭，水就流出來，也去買個水龍頭，在牆壁挖個洞，以爲這麼一扭，水就來了。沒有見過腳踏車，偷搶腳踏車後，扛在肩上沿路叫賣。

抗戰勝利後，國民黨大員接收長春時，大員坐著美國人送的飛機，穿了美國空軍當時常穿的夾克到東北，全身打寒顫。滿洲那時已經使用打字機，老師已整理好清冊，準備移交。國民黨大員一到，卻拿出算盤、毛筆、硯台，重新再作，二一添作五，撥來撥去。看見抽水馬桶的水在流，以爲壞了，把源頭開關給關了，東北那時沒有暖氣房，水不流動就結冰，抽水馬桶都不能使用。

南京政府要員也不了解東北的地方風俗民情，稱呼用語。滿人稱母親叫「奶奶」（音ㄋㄜ ㄋㄜ），庶母叫「額娘」，祖母叫「太太」。東北人互稱夫妻「內人」、「外子」。南方接收大員趾高氣昂，目中無人，滿嘴「太太」、「大嫂」，共產黨卻是地方話的「大娘」、「大姐」，感情在招呼中相對拉近。

老師喟嘆道：中國地方太大，國民政府接收沒準備，不少人藉機牟財，連廚子都恨不得作省府委員。少尉以上軍官即可出條子要日本女人。易幟二年多，東北鄉下沒看過國民黨旗，沒聽過三民主義，滿洲仍掛滿洲旗，北方仍掛北方旗，共產黨那時候沒有旗，東北人不知道自己怎麼是中國人。

老師還感嘆說：國民黨抗戰一勝利就飛鳥盡良弓藏，改編遊雜軍，將遊擊隊、關東軍、滿洲軍整編裁減，被裁軍人沒有遣散費，發幾個錢連買車票回故鄉都不夠，東北軍一夕間都投靠共軍，給林彪接收了，林彪整合長城內外的八路軍、山東的新四軍及舊有的東北抗日聯軍、民主自衛軍、自治軍，合組成「東北民主聯軍」，亦即「新四野」。國共四平之戰，林彪先期失利，整軍後反攻，國民政府參謀總長陳誠不准再增新軍，終被林彪打敗於白旗堡，陳誠下台，時人有「殺陳誠以謝天下」之論。

不過，老師歷經中國兵荒馬亂的大時代，我們不了解當時歷史背景，有些話聽得模模糊糊的。老師曾經感慨說亨利不聽他的話，否則情況會大不同。我們不了解老師怎麼突然說外國人的名字，同門兄姐又習慣不發問，聽了過耳即忘，不曉老師口中的「亨利」就是溥儀的英文名字，是英國老師莊士敦為溥儀取的。

老師曾去看有「狀元夫人」、「東方第一美人」之稱的清末民初第一名妓賽金花。老師說：「看賽二爺一次，一個大洋，招待乾菓盒有四色乾菓。」

賽金花在八國聯軍攻打中國時，救過慈禧太后，清末民初大官名流以見賽金花爲榮，李鴻章、梁啓超、譚嗣同、劉半農、張恨水都光顧過，「孽海花」作者曾樸單戀賽金花，魯迅「中國小說史略」也提過賽金花的生平。國畫大師張大千在一九三三年繪「彩雲圖」，「彩雲」是賽金花的本名，一九三七年還鐫刻入石。賽金花之所以淪落風塵和老師在毓慶宮受學的太老師陸潤庠有關。

老師還有些話聽來啓發人的心智。老師見有人在公園遛狗，手拿小鏟子和塑膠袋準備裝狗大便，亦步亦趨，狀極暱愛，老師說：「你一定是個孝子。」那人問老師不認識他，何以見得，老師答說：「你對動物有那麼大的愛心，能對父母不孝嗎？」

我們許多同門喜歡聽老師道古說今的笑話，尤其是自嘲性或諷刺性的笑話，記住的比經書還多。老師近百歲時，豆腐吃太多，手指因痛風而變形，右手食指最上一節還彎曲，老師感慨說：「上蒼處罰人真周密，叫從拿粉筆的手指開始變形！」

孟子公孫丑篇，孟子批評告子「不得於心，勿求於氣，可；不得於言，勿求於心，不可」，老師說，這是孟子滑頭之說，因而批評孟子能屈能伸，吃飽飯就能吹。老師突然問：「什麼叫『吹牛』？」同學一楞，未答，老師自解：「嘴上有功夫，才能吹出一條牛！」

「世人最缺的是什麼？」老師常要我們動腦子，但我們沒想到老師給的標準答案：「缺德」。

「什麼叫紈褲子弟？」老師說：「紈是最細的絲，用紈做褲子穿一次即破，是敗家子，叫紈褲子弟。我有兩條紈絲做的褲子。」

老師有些笑話，令人絕倒，如「英文不好，就不要一直說ＯＫ」，「爲什麼叫飯桶，因爲桶子只能裝飯。」

幾乎每堂課，老師都有警語，可以當座右銘。我且簡錄幾則：

烏鴉落在豬身上，看見人家黑，不見自己黑。

佛渡有緣人，學啓有心人；天道之本然，即當然。

一段輝煌不叫事業，始終如一才叫事業。

台灣什麼都有，就是沒有享福補習班。

多見多聞，方能成事，不能自是其是；最笨的人多想幾天，也明白。

成功必在我，必好名，好名者必作偽，有志者必成功不在我，必修為互讓。

群德重要，孤高自賞不能容人，必落單。

天下沒有點石成金的事，都從琢磨而來。

知識份子不能鄉愿，要能明辨是非。

寧拆一破廟，不破一家婚。

工程不必趕紀念日，頂天立地何必與橋爭。

孔子為什麼是聖人，因為孔子即之也溫，人敢接近，才能成聖。

屈原眾人皆醉我獨醒；醒還跳河，終未醒。

不必找人算命，人生即不如意，想通即智。

不唱高調，能做人即好；豈能以道殉人，殉那些王八蛋。

作事事多，不作無事，光坐著只會胡思亂想，易老。

人不要忍，忍久爆發，難以收拾。儒家不談忍，談通志，先通一人之志，再通天下之志。通志不外乎好惡，民之所好好之，民之所惡惡之。

中國古時過來復日，今人過星期日，「來復」是易經復卦卦辭「反復其道，七日來復」，多麼有學問。

人在學習之中，毀譽等同價值；人蹧蹋自己，銳氣全無。

中國之學談道，所以北方人不說懂，說「知道了」。

人有責任感，連睡覺都睡不著；人生短短數十年，要有成就必拼命。

成就者不簡單，社會上的成就者都是剛者，守己不流俗，否則既得之必失之。

人貴乎成就，不貴乎犧牲，故智者明哲保身，以有用之身，用於有用之時。

真有抱負，先把自己造就像人的樣子，否則誰也不聽你的。

一國一黨一人失敗都有原因，無病不死人。

曲成乃聖人之範疇，造勢乃英雄之範疇，故有失敗之英雄，無失敗之聖人。

一個人再厲害，也得死，也要變鬼，只能長相左右，

傳道者要有宗教家精神，中國人此點最缺乏。

宗教給迷的人信，不迷的人怎麼會信，所以叫迷信。

人不必話當年，心酸酸；人比人得死，貨比貨得扔。

文化講不出來，但是人民可以讓你低頭。

中國最了不起的智慧是隨遇而安，在任何環境都能安身立命。

儒家雖常不興盛，卻從不斷。

現代教育的孩子沒讀懂幾本書，比八股取士更愚民。

橫行霸道者，皆為無知之人；現代人自以為是上帝之父，肆意批評人。

最笨的人是自己騙自己；害別人可怕，作賤自己更可怕。

後悔的藥最難吃。

老師過了八十歲，六經似乎可以作爲老師的注腳。

論語里仁篇子曰：「能以禮讓爲國乎，何有？不能以禮讓爲國，如禮何？」孔子這句話原是說，能用禮讓治國，那治國何難之有呢？老師有一天感慨說他的太祖禮親王代善兩度讓國給皇太極和福臨：「能以禮讓國，何有？」少了「爲」「乎」兩字，文義大是不同，「能夠用禮讓國，對我禮王府的太祖來說，何難之有？」

述而篇子曰：「默而識之，學而不厭，誨人不倦，何有於我哉？」老師學讀百年，教誨弟子六十年如一日，此章是孔子之言，不也是老師的自述嗎？

述而篇子曰：「德之不修，學之不講，聞義不能徙，不善不能改，是吾憂也。」老師引述孔子的四憂，來述說自己的四憂：「德之未修，學之未講；民之未胞，物之未與，是吾憂也。」

憲問篇子曰：「君子道者三，我無能焉！仁者不憂，知者不惑，勇者不懼。」子貢曰：「夫子自道也。」孔子在論語篇章，有些話其實是夫子自道；老師說論語，我們沈浸於百千萬劫難遭遇的喜悅中，有如子貢的體悟，忘了老師在講二千五百年前的古書論語，而是老師的自道。

爲政篇子曰：「吾十有五而志於學；三十而立；四十而不惑；五十而知天命；六十而耳順；七十而從心所欲，不踰距。」老師說他三、四十歲兵荒馬亂，不知道。五十而知天命、六十而耳順都做到了。七十而從心所欲不踰矩，所以七十歲才收女學生。（老師創立「天德黌舍」已近七十）

老師講課都是單向教誨，聽課弟子罕有人說話。老師有時會問，座中弟子雖然有的是大學教授，仍然不會回話，因爲老師必有深義，誰都不敢接話。有一次，老師談到「聞斯行諸」，問誰知道，沒有人回答，老師那天心情不錯，說：「誰來說一說，讓老師樂一樂」，在座弟子雖哄堂大笑，還是等老師自己說。

易經大壯九三爻辭「羝羊觸藩」，來知德注解「羝羊」是壯羊，有些注解卻是母羊，到底哪個說法正確，老師說：「這要問孔子，孔子可能說，『事隔多年，他也忘了！』」

我幫老師抄寫錄音時，有一天近午時分，看到老師從外面回家，訝異不已，眼睛發光，直看老師。

那是秋晚時分，老師身穿長袍馬褂，外披黑色斗篷，頭戴圓帽，手持竹杖。男子披黑色斗篷，我們多數人只在電視中看過蔣中正總統穿過，而且十分讚賞。

蔣先生個子比老師瘦小，披斗篷已十分氣派，老師身軀較壯碩，加上黑髯長鬚，王者的風範更勝一籌，老師嘿地一聲：「好看吧！」

「是啊，蔣總統披過，老師比他好看！」我直言道。

「哼，老蔣——」老師聽到我拿他跟蔣先生比較，似乎有些不豫，但遲疑片晌，說：「民國人物，就只有老蔣和我披斗篷，連陳誠、何應欽都不敢穿！」

周義雄師兄曾陪穿斗篷的老師到新店海會寺，聽老師嘆道：「何處青山埋忠骨」，又從老師口中得悉在滿洲國練兵概況，從老師語氣，只有統帥才能穿斗篷。

自從進入黌舍第一天起，我們弟子門生，就對老師的出身、經歷十分興趣，但老師授課時，談國運興衰、人事滄桑，說故事談笑話、道警句，就是不談自己。有一天，老師還凜然道：「靠祖宗吃飯，談背景，丟臉！」

我們有些同門師兄弟雖然和老師私下較親，甚至和老師住在一起，對老師過往也所知有限。只知曉老師是王爺，滿族姓名是「愛新覺羅毓鋆」，至於是什麼親王，八旗中的那一旗，也不清楚。（老師這一支系統領正紅旗）

不過，我們都隱隱覺得老師和蔣老先生有些關係。老師稱呼蔣中正總統爲「老蔣」，好像有些熟悉，講課時不只一次口氣嚴霜說：「老師在日本滿洲國時不做漢奸，在蔣家時代不羽儀朝廷，當走狗！」老師甚至說了幾句我們聽來有些突兀的話：「有一些人來這兒聽課，我說經文的時候，不做筆記，我批評政治，就忙著刷刷記錄，惟恐漏了一句話。唉，我跟你們說，人不能做情報工作。一旦做了情報，一輩子不乾不淨，不能夠翻身，都得聽命幫他幹情報，造孽啊——呵，我怎麼會不知道，你們走過的路會比我長嗎！」

一九七一年，大陸推動的「文化大革命運動」正如火如荼展開，臺灣則反其道而行，大張旗鼓高倡「中華文化復興運動」。老師講四書五經，正是復興中華文化的推手，蔣家父子褒揚都來不及，怎麼會派情治單位冒充學生，來監聽一個年近七十歲的老先生上古文課呢？

由於老師連講四個小時，聽課弟子大都利用學校課餘時間，中間又沒有休息，黌舍同學們匆匆趕來，聽完課急急離去，雖然系出同門，多數人連眼神都未交會過，異性同學更沒有人課前課後交談的。老師對蔣先生存有芥蒂，並懷疑我們聽課同學中有人是調查人員身份，我不免存疑。

老師不只對蔣先生不假詞色，有時認爲我們弟子不成材，也會罵幾句，說重話。

「我天天講人話，竟教出一批渾蛋來！孔子是樂死的，我是氣死的！」

「書是死的，能用才活，做出來的沒有一個。」

「打牌通宵，豬狗不如，豬尚得睡覺養肉。」

「我教了幾十年兵書都是白搭了，產官學沒有一個成材！」

老師教出不少成名的弟子，有人當了部長，有人成爲帝王師，有人是電子新貴，幾千名員工的大老闆，許多大學的校長、院長、系主任都是毓門弟子，怎麼說沒有成材的，師兄黃忠天說，老師喜歡招收理工科弟子，因爲認爲百無一用是書生，並主張「能爲文而不爲文人」，希望讓經典真正發揮經世致用精神。

老師治公羊春秋，又出身禮王府，論學擅於爲政之道。

老師不只講經書，還講商君書、管子、人物誌、孫子兵法及冰鑑，老師常談權謀用治術，教誨大異溫柔敦厚之道。

為政三要術：要穩、要準、要狠。

能容多少人，才能領導多少人。今之領袖越領越銹住。

人必要有幾分殺氣，有威嚴才能鎮住人；做事要非而不是，不按正規去走，才能出奇制勝；做人要是而不非，做事如迎敵，不能輕心。

民國以來最缺的是人，多半是兩腿畜生。不能看三步棋，就不能從政。為政要用智不能用情，因用智，從政者無情。做壞事，還得說人話；越說人話，越壞啊！人得要求自己，不要原諒自己，只有破釜沈舟，沒有回頭是岸。成就事業，心得像鐵一樣堅，像水一樣平。求為自己可用之才，而非他人可用之才。現在男人不像男人，對小孩子應有的態度是寧可養子教人罵，不可養子教人嚇。

皇帝不能常露面讓人看，神秘才能造神話，才能愚民。今之國防部長軟綿綿，如無骨之蛇，還不能說王八，王八還有蓋。臺灣不能根除貪贓枉法，即為政大過。民主政治是洪流，清朝亡國不能怪誰。

老師威嚴懾人，諷世罵人，不隨意見客，不接受媒體採訪，所以老師四十年開班百餘，收徒萬人以上，各大學文學院師生都耳聞「毓老」之名，但社會大眾卻渾然不曉老師這號人物。

一九七四年，我從臺灣大學哲學系畢業，立即創立出版社，因業務繁多，沒有時間再到黌舍上課，但一有空，我仍回黌舍向老師請安。

我曾在報紙連載政治短評，還寫散文、小說、雜文，甚至寫電影劇本。我幾乎嘗試各種文體創作，並構思武俠小說。

除了創作外，我也努力讀經，但我從未想過寫些相關經學、子學或史學的書。

我不敢作學問，因爲自知自己不成材，老師幾乎講活了每一個古文字，我在老師淵博通神的學海中，偶取一瓢飲，就心滿意足了。

一九九一年年左右，我南下高雄某報社任職，並因緣際會踏入政界。高雄一住二十多年，回臺北看老師的機會少了。

二〇〇六年，我卸下公職生涯，並帶了近百萬字的武俠小說「大武林」向過了百歲的老師問安，我紅著臉解釋：「子不語怪力亂神，我竟然只會寫些怪力亂神的文字。」老師看過後，說是「實學」，讓我更加驚喜的是，上課一甲子，絕口不談祖宗身世的老師，慎重地告訴我，清朝的肇祖是「布庫里雍順」，老師是太祖努爾哈赤次子和碩禮烈親王代善的第十一世裔孫，老師還送我幾部書，其中之一是昭槤禮親王所寫的「嘯亭雜錄」，還有馮其利所撰的「重訪清代王爺墳」。老師翻開代善的繪像說：「我的鼻子像先祖代善，你看看像不像？」

老師還說，清朝中舉人，門口掛一長桿子，貫穿一個放東西的斗子，是爲了餵烏鴉。老師解釋，清太祖努爾哈赤與明朝軍隊作戰失利，躲進河溝，烏鴉遮蔽逃過一劫。斗子要掛燈籠，王府的斗子如果沒有糧食餵烏鴉，就會削爵。滿人不食烏鴉肉和馬肉、狗肉，這是報本，感謝烏鴉曾救過清太祖，也感謝狗、馬爲清朝打下江山立了大功。

老師補充說，滿洲人愛吃豬肉，如「扒豬臉」、「悶豬頭」，祭祖拜拜時，豬頭含著豬尾巴，就代表全豬，不必整隻豬，蒙古人則吃牛羊。

老師並提了禮王府的趣事：「曹雪芹寫的紅樓夢，寫的就是禮王府的事，賈母是賈代善之妻，賈政是賈代善次子，賈寶玉又是賈政的次子，避諱長子，賈就是假的。」

可能我個人獨身三十年，顛沛憂悔，上下浮沈，也學老師天天讀書，老師鼓勵我寫些相關在黌舍所學文字。

「不知道要快問！」老師向我叮嚀道。

可惜的是，一生傳奇的老師，有許多神秘的際遇遭逢，我問出的仍然有限。

老師是清禮烈親王代善的裔孫，孫中山先生所謂的「滿清韃虜」；老師是滿洲國之臣，臺灣教科書所批判的「僞政府」；老師上課不談祖宗背景，我不免自己設限，蜻蜓點水似的請問；老師的阿瑪（父親）、太師母（母親）和師母屬私人感情，我更是迂迴觸及，不敢放肆，老師願意說多少，我聽多少。我感覺要真正了解老師，最好方式是請老師自己提筆自述。

不過，老師提到，康太老師的老師朱九江曾說，寫出的文字不能超越古人，就不必傳，免得浪費大家的眼睛；老師還說，廿五史各朝代都有藝文志，羅列許多人和書，至今有幾人、幾本書留下來。老師嘆氣表示，如果要寫歷史，就不能說假話，說真話難免得罪人。老師某些話，常有更深的涵意，像「天德黌舍」這個啓發我智慧的私塾名字。

「天德黌舍」就字面來說，是「天有好生之德」，上天好生，生生之德就是「仁德」，老師字「安仁」，黌舍名「天德」。

老師向我提起，蔣先生曾派人問，爲何叫「天德黌舍」，他雖回說「天有好生之德」，其實有另一層意義，易經乾卦「天德不可爲首也」，天雖有好生大德，但都不能爲元首，暗批蔣家何德何能爲元首呢！

我自以爲得到「天德」正解，常向一些師兄弟談說，但馬康莊師兄不久前卻說：「天德是老師紀念清朝的用字。清朝開創太祖努爾哈赤建後金，年號『天命』，清朝結束於溥儀滿洲國的年號『康德』，老師取『天命』、『康德』上下各一字的『天德』，爲黌舍之名。」

我沒想到在「天德黌舍」讀經，四十年後才知道「天德」二字另有深義。我也才醒悟老師曾經以「天德侍者」之名繪作觀音大士像，上壽太師母百歲，蓮池升座，署名的「天德侍者」有「祖宗侍者」之意。

我曾請問老師：「天德黌舍創設於不准結社的戒嚴時代，老師有沒有遭到蔣家政權的關切？張其昀是不是幫了忙？」

老師猶豫一會，才喟嘆一聲，說：「張其昀幫了一些忙！」

一九七一年，仍是戒嚴時代，禁止結社自由，只有宗教能開講堂說經，嚴禁私人講學，「天德黌舍」得以突破禁忌，我推測曾經擔任中國國民黨秘書長的中國文化學院創辦人張其昀暗中相助。的確，在禁嚴肅殺的年代，老師在課堂上直呼老蔣，批評蔣家政權，當時校園密佈職業學生，總會有人上報。聽說，蔣老先生知道老師批評他，有些不高興，幸好張其昀極力迴護說：「叫他（指老師）聽話辦不到，但他絕不會做壞事！」

但是，我後來發覺張其昀虧欠老師的可能更多，張其昀後來和老師走得很近，中國文化學院興建大成館時，委請老師幫忙監工，修到鋪瓦階段，經費已

經不足，支票無法兌現，就請老師出面延票，承包商延了兩次票，後來賣「王爺」面子，認捐了事。

張其昀是梁啓超弟子，老師是康有爲弟子，梁啓超其實是師兄，張其昀拜託老師幫忙，稱老師「同門」。

我本來有個衝動，想請問老師曾在課堂上痛責有情治人員混進黌舍，藉讀經來監視老師言行舉止，是否真有其事，但話到唇邊忍住了。老師既在課堂上公開指責，我若提問，不是對老師的斥責存疑嗎？

這個心中的疑竇在老師猝逝後有了答案。臺灣大學社會系教授孫中興師兄，晚我幾年進入黌舍，孫師兄在紀念老師的文章「從老親王到太老師」說，他在一九七五年到新店寶元路的黌舍新址上課，上課前提早幫老師排椅子。有一天，某位師姐約他在上課前見面，首先表明自己是調查局的人，奉命關心老師，希望從他口中知道老師的平常言行。

蔣老先生在一九七五年四月五日辭世，孫中興師兄在一九七五年入門，那位調查員師姐約孫師兄一談，已是蔣經國時代了，由此看來，蔣家父子本人雖然不會對老師怎樣，但是屬下的黨政軍要員，在不能容忍臺大哲學系建言開放言論自由的肅殺年代，發生了「臺大哲學系事件」，調查局所派的調查員記錄了老師在課堂上語氣嚴峻說：「老師在日本滿洲國時代，不當漢奸，老蔣天下，不羽儀朝廷當走狗」，蔣家父子會因張其昀美言，就放了老師一馬嗎？

二〇〇六年春節前夕，老師給了我一個答案：「蔣要殺我，誰也不敢保我，蔣不想殺我，什麼人說什麼也沒用！」

老師往生前三年，大約每個月，我有幸面見老師兩三次，每次三小時，老師曾囑咐義子張景興提供我必要的資料。我幸而看見幾張老師寫在月曆或廣告紙背面的字，其中有兩行令人感傷：

天德：恐怖時代。好生。

奉元：解嚴。奉元復性，慈孝貞德。

我驀然驚覺，老師的「天德」三義中，其中看似清楚明白的「天有好生之德」，卻是老師對蔣家政權的恐怖手段，寄予企盼、蘊含譴責，要蔣老先生上體天德、好生不殺啊！

二、跪安不值錢

老師在二〇一一年三月二十日，以一〇六歲高齡作別人間，臺灣大學社會系教授孫中興師兄爲文追悼，道出了毓門弟子共有的遺憾與感傷：「對我來說，太老師（孫教授的國中老師陳中庸也是黌舍弟子，孫教授後來也入黌舍，尊稱毓老師為「太老師」）一直是神秘的，像萬仞宮牆，讓我難窺全貌。老師的姓名和生日，我一直沒弄清楚，他過往的經驗，也是到他逝世後才在網路上看到相關的記載。過去，我怯於請教和請問的，現在沒有機會知道了。」

不只孫師兄怯於請教和請問老師的名字和生日，幾乎多數黌舍弟子都不知道老師的名字和生日。

清朝在一九一一年夏曆（老師說，中國年曆源自堯帝，尚書有「蠻夷猾夏」之語，「夏」是中國之稱，詩經因而叫「夏聲」，中國年曆也應該叫「夏曆」）十二月二十五日，由隆裕太后宣布清帝退位懿旨，中華民國並於西元一九一二年陽曆元旦開國。老師就滿清王爺之位而言，陽曆年元旦是亡國日，夏曆年十二月二十五日又在春節前夕，滿清皇族從此不過年，老師曾半開玩笑說，中山先生不厚道，不讓過年。老師生日在西元一九〇六年夏曆九月九日重陽節隔天，陽曆年的十月二十七日。

老師在一九四七年，由國民政府主席蔣中正安排來臺灣，「毓老」這個尊稱，並非老師初來臺灣的名號。老師在滿洲國祖宗出生的龍興之地興京（今新賓縣），辦過「新民農校」，免費收窮人學生。老師初到臺灣，住在草山（今陽明山）沒多久，因緣際會到臺東農校當了教導主任。

貴爲王爺的老師初到臺東農校，獨自一人，心情鬱悶，並未立即入境隨俗，仍穿長袍（滿人的長袍是常服，赴宴或開會才披馬褂），農校師生一見老師服飾不同，氣宇又非凡，探得老師是是禮親王裔孫，尊稱老師「王爺」。

老師覺得他個人被移管到臺灣，清朝也已亡國，再稱呼「王爺」不妥。有人見老師署名「毓鋆」，改稱「毓老師」，後來乾脆尊稱「毓老」了。老師那時才四十多歲，還不老。

因爲「毓老」稱呼習慣了，多數人會以爲老師姓「毓」。

「毓」是滿清皇族貴胄的輩份。漢族文化常用伯（孟）、仲、叔、季來分別季節、出生排序；清朝皇帝康熙、乾隆讀了不少中國書，並從漢字中找出最尊貴的十三個字，作爲他們這一支系的皇族輩次，依序爲胤、弘、永、綿、奕、載、溥、毓、恆、啓、燾、闓、增。

「毓」這個字少用，周禮地官大司徒，「毓」通「育」。

清朝末代皇帝溥儀，輩次是「溥」字，老師名「毓鋆」，身爲弟子的我們，很自然地認爲老師名字中的「毓」字，是接順著「溥」字而來。但徐泓師兄卻指出，禮王府的輩次排序，非依康乾二帝所選擇的胤、弘、永、綿等的排次。老師的「毓」字乃溥儀所賜。

老師是「愛新覺羅」的子孫，老師的姓即爲「愛新覺羅」；「愛新覺羅」是滿文的直譯，「愛新」意譯是「金」，「覺羅」意譯是「族」。溥儀滿族全名是「愛新覺羅溥儀」，老師全名是「愛新覺羅毓鋆」。

不過，滿清入關後，爲了統治人口多過滿人數十倍的漢人，要求滿人入境隨俗，也要自行取個漢姓。像端親王戴漪的孫女漢名是「羅毓鳳」，「羅」字取自愛新覺「羅」。許多滿人爲示不忘本，自認是後金子孫，漢姓「金」。老師認爲既然要取漢姓，漢人武功以漢唐爲盛，漢高祖姓「劉」，老師的漢姓就用「劉」字，但老師漢姓名字，似乎未曾透露過。

老師曾在中國文化學院哲學系當過系主任，校刊登載老師之名是「劉毓鋆」，老師早期的洋博士弟子尊稱老師爲「劉先生」，後期弟子也尊稱老師爲「毓老」。

「鋆」唸「雲」。上「均」，下「金」，多數人就唸「均」，有一個師弟聽我唸「雲」，糾正我要唸「均」，我跟他說明：「我在老師跟前唸『均』，老師糾正唸『雲』。」

「鋆」字更是少見，「玉篇」、「五音集韻」，「鋆」即「金」，老師解釋即「美金」（**美好的金子**）。清文宗就有狀元叫「章鋆」。

老師曾向我說：「毓鋆」是御賜嘉名。我原以爲，皇族貴冑子孫出生，皇帝就會賜名。老師合了生辰八字，缺金，當時的光緒皇帝賜個「鋆」字。

但白培霖師兄卻記得老師說：「毓鋆」是在滿洲國取的。當時溥儀爲了要每一個滿人都記得是後金的後人，所有人都取新名字，裏面都有金。由此可知溥儀賜老師之名不是一個「鋆」字，而是「毓鋆」兩字。

老師的阿瑪則給老師命名「金成」，努爾哈赤建立「後金」政權，阿瑪望子成龍，希望老師成就後金的盛世大業。老師說：「金成」是父命之名。

「金成」既然是父命之名，「金」就非姓，有些人因爲滿族人漢姓「金」的不少，就以爲老師漢姓是「金」。臥龍街的「天德黌舍」掛有「金寓」門牌，並非老師姓金，而是事有湊巧，該屋主人是當時陽明山管理局金仲原局長的寓所，租借給老師。

事有湊巧的還不只一樁，老師曾告訴我，他的漢姓是「劉」，我不敢請教老師的漢名。老師的公奠禮上，我看到馬英九總統的褒揚令，褒揚令開始文字是「當代經學家劉柱林，本名愛新覺羅毓鋆」。

我初看，以為老師早年的漢姓是劉，名字是「柱林」，其實這也是湊巧。「劉柱林」是大陸上一個人的名字，這人救了老師一命，剛好也姓劉，老師為報答劉柱林的救命之恩，在臺灣戶政事務所登記的姓名，就用「劉柱林」。我知道「劉柱林」這個名字，也是在老師作古後才知道的。

中國人不只有姓有名，還有字有號。

孔子名丘字仲尼，當時可能不流行號。長輩對下輩稱呼和自稱用名，平輩或下輩對上稱呼用字。

成年時，老師也給自己取了字「安仁」，取自論語里仁篇子曰：「不仁者不可以久處約，不可以長處樂，仁者安仁，知者利仁。」

初到臺灣，老師自號「安仁居士」，但一般人似乎稱呼不慣。國民政府撤退到臺灣時，來臺人士依身分、年齡大小，盛行用「公」、「老」尊稱對方，我遇見名畫家楚戈時，他才四十多歲，大家都叫他「袁公」；五十多歲的黎明工專老

師潘壽康認識我時，我還不到三十歲，他叫我「許公」。老師是王爺，後來又蓄了漂亮的長鬍，尊稱「毓老」，順口自然。

「毓老」是外人的尊稱，老師自號「安仁居士」，老師有兩枚常用印章，一是有乾坤畫和龍虎圖形的「乾坤龍虎」章，另一枚是「安仁居士」章。

老師七十一歲，遵母命「刊經籍廣聖學興治藝」，恭上太師母九一歲千秋，印行「易經來註圖解」，用的字號是「仁匃遯者」，「匃」通「丐」。八十歲將來氏易重印，定爲「新校慈恩本周易集註」，跪上慈親百壽千秋，老師的自號是「明不息者」。

古時父母在，不能言「叟」及「翁」，所以老師自號用「者」，父母不在了，老師才將「仁匃遯者」改易「仁匃遯叟」，「明不息者」改易「明不息翁」。

老師恭繪觀音大士圖，自號「天德侍者」；老師九十三歲，在滿族龍興地新賓縣皇寺「地藏寺」的題字是「奉元老人」。「天德」、「奉元」是我們毓門弟子讀經的私塾書院名。

老師的每一自號都蘊含深義，非熟讀中國經典，不能了悟，像「明不息翁」取義自易經明夷卦六五「箕子之明夷，利貞」、「象曰，箕子之貞，明不可息也」；箕子不臣周，老師以箕子之貞自況；「仁丐遯叟」是爲仁而丐，「丐」原字作「匃」，有求之意，這個境界如同「仁者安仁」的安仁境界，有求仁得仁之意，而「遯」字是易經之卦，卦的象辭曰：「天下有山，遯；君子以遠小人，不惡而嚴」，老師以禮律身，守己甚嚴，無可議之隙，凜然不可犯，不惡聲厲色待小人，小人自遠。

老師的自號有哲理在，外間罕用此稱號，「毓老」兩字說來平順親切，以至於五、六十年來，前駐美大使胡適、于斌樞機主教、中國文化學院創辦人張其昀，甚至孔老夫子裔孫孔德成院長都稱呼「毓老」，而不少同門也異口同聲「毓老」，這個尊稱其實是不合弟子身分的，應該尊稱「毓老師」才合宜。

我的一些同門師兄爲表尊崇，行文偶爾會用「夫子」或「子毓子」的尊稱。

老師與清朝遜位皇帝溥儀同年生。溥儀於光緒三十二年（西元一九〇六年）元月十四日，生於北京什剎海邊的醇王府，老師於重陽節後一天（夏曆九月十日，陽曆十月二十七日），誕生於今北京西皇城根南街西側的禮王府。蔡元培所辦的私人學校華北學院即租禮王府下院。

禮王府有個大花園，和圓明園都在海淀區。禮親王四世孫福彭任職軍機大臣，禮王府花園最早成園應在康熙年間。

曹雪芹曾祖母孫氏即康熙嫫嫫（奶娘，全稱是「嫫嫫額涅」）之一，所以曹

雪芹祖父曹寅爲康熙的「奶兄弟」。

福彭與曹雪芹爲親表兄弟，曹家被抄家，曹雪芹曾住於禮王府，所以禮親王花園也被寫進紅樓夢，成大觀園原型。

民國以後，禮王府花園抵售給同仁堂樂家，更名爲樂家花園，禮王府曾做孫連仲華北行轅、傅作義的司令部，中華人民共和國成立後，歸八一中學，曾是民政部的辦公室。

「樂」字中間有「白」字，目前的「白家大宅門食府」，佔用樂家花園最好部分，「樂家宴食府」（原名樂家怡園），租的是樂家花園偏房套院。

據了解，「白家大宅門食府」興建時，拆了一些夾壁，發現許多珠寶金銀，樂家平白賺了一座大花園。

溥儀在三歲進入紫禁城即帝位，年號「宣統」，六歲進入「毓慶宮」就學；毓慶宮在今北京故宮博物院日精門內，齋宮之東，南爲敦本殿。毓慶宮和齋宮爲明代神霄、宏孝二殿所改，毓慶宮後來代上書房，成爲同治、光緒兩朝皇子讀書之所，皇子一至六歲開始上學，老師進入毓慶宮當了溥儀的伴讀。

清朝皇帝，因年幼坐上「真龍天子」寶座的是六歲的順治帝福臨，由禮親王代善和鄭親王濟爾哈朗輔政；溥儀接帝位才三歲，由他的阿瑪醇親王載灃攝政。

天子是否賢能，關係朝代的興衰、兆民的福祉，天子的啓蒙、培育是國家大事。帝王師的選擇禮聘自然集眾臣智慧嚴選。

有一部轟動一時的電影「末代皇帝」，拍攝的是大清最後皇帝溥儀的生平故事。這部榮獲奧斯卡多項獎項的劇情片電影，由尊龍飾演溥儀，劇中的帝王師由曾主演過「阿拉伯的勞倫斯」而獲得奧斯卡影帝殊榮的彼得奧圖飾演。

「末代皇帝」劇情張力十足，觀眾很容易入戲，並因而認定溥儀的天子教席就是莊士敦。

莊士敦的確是溥儀皇帝的老師，一九一九年入宮，他所教授的是英文和西學，溥儀向莊士敦拜師已是十三歲，也就是溥儀已在毓慶宮讀了七年的中國傳統典籍四書五經。

老師說，莊士敦喜歡吃御膳房的點心。有一天，邀請老師一起用西餐，餐桌上的馬鈴薯，老師未曾見過，太師母問午餐吃了什麼，老師說「土豆」，太師母詫異道：「土豆？土豆不是餵豬的嗎！」

莊士敦在一九〇〇年起，就當了當時香港總督的秘書，也當過英國在威海衛的行政長官。莊士敦遊歷了中國四大名山，對中國經史子集及佛經都下過功夫，甚至還鑽研過唐宋詩詞，說一口好中國話。

莊士敦透過李鴻章三子李經邁，以及曾任清廷太保，後來當了中華民國大總統的徐世昌推薦，成爲溥儀西學教席。溥儀在十七歲結婚，結束了毓慶宮的讀書日子，莊士敦被派去管理頤和園，溥儀在一九二四年被馮玉祥逼迫離開皇宮，莊士敦也回到英國。溥儀在天津、長春時，莊士敦雖然也曾專程探訪，但只是作客性質，反觀溥儀在毓慶宮的國學天子教席，不只深深影響溥儀，有的還一路相隨，襄助溥儀復辟。

溥儀的啓蒙，由太傅陳寶琛負責。陳寶琛二十歲點了翰林，三十歲當了內閣學士兼禮部侍郎，被稱爲「福建才子」；首選入宮的首批天子教席共三人，另外二人是中過狀元，當過大學士，寫了一手極好館閣體楷書字的陸潤庠，以及中過滿漢雙榜進士，負責教導滿文的伊克坦。

隨著溥儀年歲的增長，陸潤庠死後，帝師後來又多了頗有文名的徐坊、少年就入了翰林的朱益藩以及辭章家梁鼎芬，被馮玉祥趕出紫禁城前一、二年，又延請了鄭孝胥、羅振玉、王國維等望眾士林的學者。

這些帝王師，自然是毓老師的啓蒙恩師，也是「天德黌舍」門下弟子的太老師。

清朝早期皇子都在上書房讀書，宮中制度極嚴，每日寅時（早上三至五時）起床，卯時（五至七時）授課，其實是三時起床，五時授課；大年三十照常上學，但提早於辰正（八時）下書房。皇子六、七歲入學即習武。

毓慶宮讀書，不是單爲溥儀而設，只因溥儀入毓慶宮讀書，已經當了皇帝，所以溥儀成爲「正讀」，老師和其他皇子則爲「伴讀」。

毓慶宮伴讀從每天早上八時至正午十二時。老師和其他伴讀皇子每日寅時起來，先自行溫書，溥儀在辰正才進入毓慶宮。

太傅見皇帝，不必跪安，挺直身子對視，就完成君臣相見之禮。伴讀的皇子仍要跪安，口說「皇上吉祥」。

陳寶琛太傅性情和易，爲人處事圓融，富於忍耐性，句句肺腑之言，老師認爲陳太傅是清流派的領袖。

溥儀童幼頑性很重，不聽勸，陳太傅無可奈何，常皺眉頭說「君子不重則不威」，這句話出自論語學而篇，意思是做皇上的不自重就沒有威儀，溥儀讀了論語這句話後，很快活用，每逢太傅說這句話，他就接了下句話「學則不固」。

陳太傅最令溥儀和老師不解的是不願意洗澡。

科技未昌盛的年代，用水不易，要找水源，還要打水、挑水。一般人家，每個月分上浣日（上旬）、中浣日、下浣日各洗一次澡，每月共洗三次澡，有皮膚病的陳寶琛卻認爲人生一世只要洗三次澡，生下來洗一次，結婚洗一洗，死後沐屍一次。（**老師還說，古人無牙刷之前，飯後男用酒漱口，女用香料，小孩以黑布擦口，傳言黑色能消小孩之毒**）

陳寶琛有一得意門生佟濟煦，當著皇帝的面，曾委婉勸陳太傅：「老師，常常洗澡比較好，老師患有皮膚病，能常常洗個澡，一定很快就好。」

陳太傅涵養工夫確是了得，嚴肅反問道：「你說的這番話，有些道理，不過老朽餘年雖未經常洗澡，卻也健飯如恆，可是你呢，卻不斷地洗澡，爲什麼還不免於時常鬧病呢？」

北方天冷乾燥，容易發癢、生皮膚病，就用如意搔癢。如意在古時功用可大，不只有止癢之能，後輩跪安，就用如意的頭輕點後輩的頭，祝他「如意」。

如意功能發揮最大者就是挑選皇后。

光緒在新婚前，由慈禧太后從無數對象中，給選出幾個人來，然後再讓光緒自己挑選。候選對象一個個站在光緒面前，光緒手拿一柄如意，看中了誰，便把如意遞到她的手中，手持皇帝所賜如意的人就成了皇后，皇后就得了「如意郎君」。

天子教席對付任性的溥儀有時並不如意，但不敢面責天子，只好訓伴讀，讓溥儀有愧。老師代溥儀受氣，心有不平，難免有時跟溥儀吵架，甚至不管真龍天子貴不可言，竟然沒有伴君如伴虎的感覺，有時還和溥儀動起小手腳。

天子讀書，依例總有一個太監侍立一旁，太監就會在老師還未回禮王府前，趕去向太師母打小報告討賞，說是小王爺欺負萬歲爺，太師母一頓訓誨，在祖宗前罰跪思過，在所難免。

老師出生雖比溥儀遲九個月，但比溥儀身體強健，在幾個陪讀皇子中，老師常領頭氣哭溥儀。陳太傅每逢溥儀掉淚，就命老師向溥儀「跪安」，老師一聽，二話不說，就噗嗵跪倒，向溥儀請安，直說「皇上吉祥！」

老師的跪安其實不是認錯，老師常被罰跪祖宗，在太師母面前朗讀經文，也是跪讀，老師笑說：「跪安就跪安吧！反正跪安不值錢嘛！」

陸潤庠是蘇州人，一八四一年生，同治年間狀元，擅寫一手極好的館閣體楷書。

館閣體是流行張掛於樓館閣屋及科舉試場文字的書體，這一書體特點是字形勻正、墨色烏亮。明成祖命令沈度書詔令文正圓潤，成為標準的官體。清代益加工整，程式甚嚴。

陸潤庠青壯年得意風流，與同是同治狀元的洪鈞結爲兒女親家。洪鈞號文卿。陸潤庠在蘇州城上下塘，看中一個年約十四歲的畫舫青倌（陪客不賣身的妓女叫青倌，陪客又賣身的叫紅倌），名叫趙彩雲，陸潤庠竟然幫洪文卿牽了紅線，趙彩雲成了大她三十三歲的洪文卿的妾，八檯大轎迎進洪家大門的「狀元夫人」。

洪文卿納趙彩雲爲妾後的隔年，奉光緒令出使俄、德、奧、荷四國，成爲欽差大臣。元配洪夫人是大門不出二門不邁的舊時大戶人家，不願隨夫婿拋頭露面，由趙彩雲陪同洪文卿就任，趙彩雲豔驚西方貴族社會，成爲來往友邦貴族口中的「東方第一美人」。

柯興所作「賽金花傳」記載，趙彩雲的西方貴族友人，其中之一就是幫助德皇威廉二世趕下俾斯麥首相的權臣德意志陸軍參謀長瓦德西。（賽金花自傳云，在德國她根本不認識瓦德西）

洪文卿在一八九三年過世，才廿一歲的趙彩雲就守了寡。十分不幸的是洪家在洪文卿死後，決定將趙彩雲趕出去，陸潤庠不只沒施援手，反而附和洪家決定，趙彩雲被迫重操舊業，在上海成爲第一名妓。陸潤庠認爲趙彩雲豔幟高張，有損洪文卿顏面，設法逼走趙彩雲。趙彩雲只好北上天津謀生，在天津租了一家名爲「金花班」的舊妓館，趙彩雲自勉要賽過原本的金花班妓館，故而改牌「賽金花」。

賽金花爲人頗有義膽俠情，與盧玉舫結爲換帖拜把，時人稱盧玉舫爲盧大爺，賽金花爲賽二爺，老師因此叫賽金花爲賽二爺。

「賽金花傳」記載，八國聯軍攻打北京，瓦德西成爲聯軍統帥，兩人重逢。由於瓦德西十分敬重賽金花，賽金花爲中國講了不少好話，勸說瓦德西約束軍隊，救了不少中國人。陸潤庠在八國聯軍時被捉去掃大街抬死屍，也懇求過賽金花相助，放過陸潤庠。賽二爺當時壓倒南朝金粉，賽過北地胭脂，她斡旋議和，促成談判，譽滿九城，但八國聯軍過後，中國起了翻天覆地大變革，賽金花竟然躲不過算計，一個妓女的死竟然推說是爲賽金花逼死，三十一歲的賽金花下了大獄。後因慈禧太后的關心，賽金花才給釋放了。

陸潤庠在一九一〇年任東閣學士，辛亥革命後，成爲溥儀的師傅，授太保。影響賽金花一生的陸潤庠成爲帝師，對頑性甚重的小皇帝溥儀一點輒也沒有。有一天，平素謹守君臣分際的陸潤庠，見溥儀淘氣不受教，突然發出晴天霹靂吼聲，大喝道：「不許動！」

溥儀貴爲天子，平常再怎麼胡鬧，臣僕都只能低聲下氣忍受。溥儀那想到陸潤庠居然喝令他不許動，他呆愣半晌，乖乖坐好，按部就班習字讀書。老師笑說：「皇帝再高貴也是人，有時也會欺善怕惡。」

陸潤庠在一九一五年過世，年七十四歲，在毓慶宮當帝師只有三、四年。陸潤庠死後，又請了徐坊、朱益藩和梁鼎芬三人。

溥儀欺善，有時會作弄老師。文名甚盛的徐坊眉毛很長，溥儀常誇獎說：「老師的眉毛長得真好哇！」徐坊聽皇帝稱讚，不免眉飛色舞起來。

有一天，溥儀計上心頭，有意開老師一個小玩笑，一面誇說，一面手摸老師長眉，出其不意將其中最長一根眉毛給拔了下來。

溥儀純屬好玩，不料徐坊不久就死了。太監就嚼舌說：「徐老師的壽眉被萬歲爺拔掉，怎能不死呢！」

成爲天子教席的帝師後來又陸續增加不少。其中較有名的是鄭孝胥、羅振玉、王國維、康有爲、柯紹忞、葉玉麟等人。

「新元史」撰著者柯紹忞，在民國成立後，就成爲溥儀侍講。經陳寶琛引荐入宮成爲帝師的羅振玉、王國維、鄭孝胥，時間大約在一九二三年至一九二四年。溥儀在一九二四年被趕出紫禁城，所以羅振玉、王國維、鄭孝胥三人爲溥儀和老師等伴讀在毓慶宮講書，爲期時間只有極短的一、二年，多數時間在天津張園。鄭孝胥女婿葉玉麟和康有爲太老師只在張園爲溥儀和老師等伴讀講書。

老師評論所有太老師中，鄭孝胥最嚴厲。教授通鑑的鄭孝胥書法非常有名，徐志摩、林語堂、曹聚仁等弟子，都能宏揚鄭派書風，鄭孝胥還是辭源最早編寫人。

鄭孝胥早起，自號「夜起庵叟」書齋名「夜起庵」。在天津時，鄭孝胥要伴讀的皇子住在宰相府，早起遲了，太監會以熱毛巾包臉拉起來。

老師拜康有爲爲師，學的是公羊春秋。

西元一八九八年，光緒皇帝發布「明定國是詔」，宣布實行新政，變法圖強，重用康有爲、譚嗣同、梁啓超等人，參與變法維新。三個月內，康有爲根據光緒授意，發布不少新政詔書。慈禧太后終而出面干預，史稱「戊戌政變」，光緒皇帝遭囚禁，譚嗣同等六人被殺，康有爲、梁啓超逃往國外，前後不過百日，史稱「百日維新」。

康有爲逃往日本後，自稱持有皇帝的衣帶詔，組織保皇會，反對革命。辛亥革命後，康有爲於一九一三年返回中國，主編「不忍」雜誌，宣揚尊孔復辟，一直謀劃溥儀復位。一九一七年，康有爲和效忠前清的北洋軍閥張勳發動復辟，擁立溥儀登基，但沒幾天即在北洋政府總理段祺瑞的討伐下宣告失敗。

老師曾畫南海先生（康有為字南海）講經圖。老師並未拜梁啓超爲師，梁啓超和老師是師兄弟關係；百日維新當時叫「康譚變法」，而非「康梁變法」。

康太老師的書法自成一格，他寫給老師阿瑪的「詠豳軒」，老師爲追悼亡父和追憶師恩，帶到臺灣，加框懸於課堂中。

不過，影響老師最大的是太老師王國維。

太老師王國維在十八歲曾留學日本，民國成立後，在北京清華大學國學院當導師。王國維以治文學及殷墟書契聞名於世，他寫的人間詞語、宋元戲曲史是大學文科的教本。清宮延請王國維入宮教讀，老師成爲王國維弟子。

王國維主張復辟，恢復清廷，上課時慨然以匡復天下爲己任，慷慨陳辭，溥儀和老師都不免動容。

一九二五年，清華大學國學院聘請王國維、梁啓超、陳寅恪、趙元任（「教我如何不想他」的歌詞作者）爲「四大導師」，王國維請示溥儀後就任，講授經、史、小學，並研究漢魏石經、古代西北地理及蒙古史料。

王國維特別指示老師旁聽。老師因而說，他是清華大學第一個旁聽生，他的學歷就只有「清華旁聽生」；梁啓超當時也在清華講墨辯，老師曾前往旁聽，有些學者如梁啓超弟子張其昀就稱老師是「同門」，老師笑說梁啓超是師兄。

一九二七年五月二日上午，傳來年僅五十一歲的王國維於頤和園昆明湖溺斃。

民國成立十餘年，王國維仍一心眷念前清王朝，髮猶結辮，都未剪除。國民革命軍北上，將入北京之際，王國維在此時自殺，多數人認為王國維憂心滿懷，以「經此事變，義無再辱」的忠節，自沉而死；同在清華國學院當任導師的陳寅恪，卻認為王國維「五十之年，只欠一死」，是為「文化殉節」。

王國維死訊傳到老師耳裏，當時情況不明，老師以為遭人暗算，悲憤莫名，腰插雙槍前往。

王國維屍體撈起時，發現內衣遺書。老師坐在頤和園除了惋惜傷痛，心理想著：「一個學富五車的人，臨到用事時卻沉湖了，留下了些什麼？」「天天教別人救世的人，為何不能自救，這豈非矛盾？」

老師認為，恩師王國維的書寫得很好，可以算得上是中國近現代最傑出的學者，在文史哲諸方面，都有劃時代的成就。後人都當成專門學問研究，但實學卻說不上，讀書著作與行事合則智，分則愚。「講道容易，行道難呵！」這使老師有了警惕，也有了志向。古書是死的，能用才能活，古書不能當死書讀，要當智慧書讀，以古人智慧來啓發自己智慧。

太老師王國維字靜安，又字伯隅，號觀堂、永觀，浙江海寧人。生平著述六十二種，批校古籍逾二百種。梁啓超稱他爲「學界重鎭」，郭沫若譽之爲中國現代文化的「金字塔」，魯迅說：「要說國學，他才可以算作一個研究國學的人物。」（附記①）

太老師王國維之死，使老師更加體會太師母的教誨苦心。

老師先前給自己取了「安仁」的字，寫在紙上恭呈太師母，原以爲太師母會美言幾句，太師母卻在「安仁」二字旁，另加二字「慰蒼」；「慰蒼」之意，慰問天下蒼生之謂也，爲學若不能慰問蒼生，只是記誦自高，無益世道人心，學而何用呢？

綜觀老師拜師求學的過程，應該算是單純清楚：老師六歲進入毓慶宮成爲溥儀伴讀，常將溥儀氣哭，太傅要老師跪安。但溥儀在滿洲國結束後，遭羈押於撫順戰犯管理所，被要求撰寫的自白書「我的前半生」，卻寫了伴讀「只有毓崇一人」，後來再加上親弟溥傑，所以有人懷疑老師可能沒有在毓慶宮伴讀，而是在天津張園伴讀。

盡信書不如無書，「我的上半生」是被逼迫下的罪狀懺悔錄，溥儀在引言中說「我寫的這本書就是我前半生所走過的既骯髒又見不得人的一段醜惡經歷」，且形容自己是坐在「毀人爐」式的皇帝寶座上。溥儀筆下的老師大臣個個都是封建餘孽，像寫太傅陳寶琛吹噓胡說，經常痴人說夢般發表那個自畫自贊式的「治國平天下」的杜撰思想。溥儀形容因復國有功，賜葬清太祖陵寢旁的鄭孝胥是滿洲國成立的罪魁禍首、漢奸總理，連老師認爲書呆子的羅振玉，溥儀都用「臭名僅次於鄭的羅振玉。」

溥儀寫他的上半生其實腦筋是清楚的，像現在許多被告，常把自己的犯錯推到一些死人的身上，盡量遮掩一些仍存活的親朋好友，所以對伴讀強調「最初只有毓崇一個人伴我讀書，後來又加上了溥傑陪我讀漢文，我叔伯溥信陪我讀英文」。

小孩子讀書要有伴，雍正選皇子集中在上書房讀書，有時候一天不只看一回。同治後，皇子移到毓慶宮讀書，溥儀雖已成皇帝，也不可能像今日家教式的一對一，或一對二的教學。

老師說，他十三歲背完經書，太師母還斥他「別的皇子十二歲就背完，你爲什麼多花一年，沒出息」，就因爲毓慶宮伴讀有幾人，老師自己就曾說，伴讀不只一人，而他常領了幾個皇子氣哭溥儀。「跪安不值錢」這個調皮搗蛋的說詞，

大概也只有小時候在皇帝面前跪安的人才說得出。

老師於民國六十八年在溫州街買房，客廳天花板上的浮雕，老師說是仿當年毓慶宮的模式。

老師傳奇又神秘的一生中，我對老師是否在毓慶宮伴讀的謎題，提出了個人的第一個看法。

常人認爲，能當皇帝的伴讀，是祖上有德。

老師的確祖上有德，澤及後代，先祖和碩禮烈親王代善兩度以禮讓國。

清朝太祖努爾哈赤未預留遺囑，沒有宣布繼承人選，只指示有實力繼承大位的八王一個共推原則，當時最具實力的就是老師的太祖代善。

努爾哈赤長子褚英英勇善戰，企圖心強烈，但性情孤傲，心胸狹隘，鋒芒畢露，容不得不同意見，報復心強，更容不得他疾恨的人。努爾哈赤雖知褚英心術不正，處事不公，仍命令他代管政務，可惜褚英不能珍惜，陽奉陰違，威脅和自己關係不好的弟弟、大臣，揚言他繼承汗位後，將全部殺掉。努爾哈赤得悉真相，先是收回權力，令他閒住家中。褚英仍然不知悔改，詛咒父親、弟弟和大臣。努爾哈赤不得不逮捕監禁，並意識到褚英存在，他百年後，勢必危害整個後金政權，不得不下令將年方三十六歲的褚英處死。

褚英死後，次子代善居長。代善戰功彪炳，重大戰役如薩爾滸之戰、伐烏拉之戰、滅葉赫之戰、攻蒙古之戰、遼瀋之戰，代善居功厥偉，被努爾哈赤封為最高一等的「和碩貝勒」，序稱「大貝勒」。

代善八個兒子中，其中四個兒子岳托、碩托、薩哈廉、瓦克達，都是聲名遠播的年輕驍將，再加褚英長子杜度已成名將，在父親橫死後投靠代善，代善依實力、年歲排序，都是大位的不二人選，兄弟也都無異議推舉他，但寬厚的代善卻認為八弟皇太極最適合。皇太極是四大貝勒的四貝勒。代善召集諸位貝勒，向皇太極出示勸進書，皇太極再三堅辭。由於代善堅決支持，皇太極才登極大典，後人尊為「清太宗」。

太宗崇德八年，在位十七年的皇太極去世，繼承大位的人選有三人，禮親王代善、睿親王多爾袞和肅親王豪格。代善又是繼承第一人選，可代善卻又提出年僅六歲的皇子福臨繼位建議，且以大貝勒、皇太極長兄身分，召集諸王、貝勒、貝子，共立皇太極第九子福臨繼位。

代善以禮讓國，中國從古以來，能以禮讓國的只有周文王的伯父吳太伯和商朝末年的伯夷叔齊，後代君王只見爭國，豈聞讓國。皇太極在西元一六三六年建國號曰「大清」，改元為崇德元年。福臨登基第一件事，即冊封大貝勒代善爲「和碩禮親王」（「和碩」是滿人崇高尊敬之詞）。

「和碩禮親王」的「禮」字得來何其不易，中國皇帝賜封親王，自古以來就只有一個禮親王。

不過，代善二度讓國，雖然被冊封爲至高無上、天曆首戶的禮親王，但兒孫對父祖一而再讓國，尤其讓給年僅六歲的福臨，不免不服。

代善的次子碩托和三子潁親王薩哈廉之子阿達禮，也就是代善之孫，十分不滿稚子福臨爲帝，陰謀擁立睿親王多爾袞爲帝，由於二人有意發動政變的動作十分猖狂，代善見此禍將至，斷然舉發，結果代善所喜愛的次子碩托及妻和孫子阿達禮及其母，全以結黨助逆罪名伏誅。

努爾哈赤爲了政權安定，不得不處死長子褚英，代善也爲了穩定大清江山，二子碩托和孫子阿達禮都正法伏誅，代善可說付出了慘烈的代價，康熙帝稱讚代善「大義滅親，比烈周公」，追謚「烈」號，因而，代善爵位全名是「和碩禮烈親王」，老師曾說太祖代善的謚號「烈」，得之何其慘烈。老師上課時曾感嘆「看破世情驚破膽，萬般不與政事同」，因爲祖先政治立場不同，親手殺死兒子、孫子，謚號才取作「烈」，這就是「世情」，「看破世情驚破膽，萬般不與政事同」即針對此事而發。

民國七十五年（一九八六年）的春節前，老師在臺北新店的「靜園」貼上的對聯是「天下眾生仁者壽」、「世間凡事禮爲尊」，不僅緬懷先祖的禮讓傳家風範，也沐手薰香敬告天地，此生無負禮王府的行仁門風。

附記①

太老師王國維遺囑原件珍藏於北京國家圖書館，廣州博物館係借展，行文豎寫，共八行，是寫給三子王貞明的書信：

五十之年，只欠一死，經此世變，義無再辱。
我死後，當草草棺殮，即行藁葬于清華塋地，汝
等不能南歸，亦可暫于城內居住。汝兄亦不必
奔喪，因道路不通，渠又不曾出門故也。書籍可
託陳（陳寅恪）、吳（吳宓）二先生處理。家人自有人料理，必不至不能
南歸。我雖無財產分文遺汝等，然苟謹慎
勤儉，亦必不至餓死也。
五月初二日父字。

三、長白世澤禮烈家聲

天曆曾首戶
長白又一邨
長白世澤
禮烈家聲
道祖義皇
學宗素王
華文五洲首
夏化一統流
學由不遷怒不二過臻聖王至德
菀毓仁者相帝者師履一平至道
以夏學輿質
尋拯世真文
達德光宇宙

生命壯自然
竹密不妨流水過
山高豈礙白雲飛

老師在天德黌舍授課時，書內常夾幾張小卡片，記錄一些感想或他人文句，鼓勵入門弟子之用，我在民國六十二年遵照老師指示，幫師兄姐們印了幾令相同卡片。

右文十六行字分正反兩面，寫在卡片上：「以夏學奧質，尋拯世真文」以下記在背面頁。

這十六行字的「長白又一邨」在民國六十年的橫額，改了一個字，寫成「長白又一村」，紙色發黃，應是在民國六十年以前所寫；老師雖寫於四十年前，但這十六行字已繪出了老師在臺灣的後半生藍圖以及未來必須踐履的志業。

「天曆曾首戶，長白又一邨；長白世澤，禮烈家聲」，論語「堯曰篇」，有「天之曆數在爾躬」的句子。努爾哈赤建立後金，被尊爲「奉天覆育列國英明汗」，即奉天以一家成一朝，所以老師說他的先祖是「天曆曾首戶」。長白山是清朝先祖龍興之地，滿人以長白山作爲象徵。老師得以進入毓慶宮伴讀，得名師培育成治世人才，即「長白世澤」的遺澤，禮烈親王澤被的家聲。

老師何其幸運，生爲天曆曾首戶的愛新覺羅子孫，當禮烈親王代善的裔孫。老師又何其不幸，生在大清皇朝的末代，成爲末代皇帝的伴讀，和溥儀共嘗亡國之痛。

老師曾感慨說，他在三十多年中，就亡了三次國。第一次亡國，老師只有六歲。

辛亥革命成功，清朝遜位，妥協中的「中華民國」於一九一二年元月一日誕生，孫中山先生於南京就任臨時大總統，但大公無私的孫中山先生迫於袁世凱威脅，二月十五日退位，臨時參議院選舉袁世凱爲第二任臨時大總統。

袁世凱當總統仍不滿足，有意稱帝。楊度的「籌安會」在袁世凱教嗾下公然鼓吹帝制。十一月十五日，國民大會代表選舉，贊成君主立憲，推戴袁世凱爲「中華民國皇帝」，定明年爲「洪憲元年」。

袁世凱稱帝，並未還政於民，「民國」只是虛名，不過是滿人皇帝換成了漢人皇帝。

民國成立，老師的祖父認爲無開國氣象。袁世凱稱帝，穿綠色龍袍，老師見之像蛤蟆。人心不服，反袁兵四起，加以列強干涉，眾叛親離的袁世凱憂鬱羞憤而死。袁世凱主政期間，不論內治外交，可說是每下愈況，處處民不聊生，飢民兵變，動輒數萬，縱橫豫、皖、鄂、陝、甘五省，東北、華北、長江地區在一九一四年至一九一五年間，兵變成爲常事，最少四十次以上，遍及十餘省。水災、旱災、蝗災不斷，官吏虐民、軍人暴戾，又假借嚴禁軍令、查緝亂黨之名，任意誣陷誅戮。軍閥爲虐，尤勝於法西斯主義者。

有些東北人滋生懷念大清皇朝統治情緒，某些政治人物於是出現復辟言論和行動。

一九一七年七月一日，老師十二歲，長江巡閱使兼安徽督軍的張勳帶兵進入清宮，擁護宣統「御極聽政，收回大權」，但軍閥段祺瑞實力遠在張勳之上，七月三日在天津馬廠誓師討伐張勳，七月十二日，攻入北京，張勳逃入荷蘭公使館。七月十三日，宣統第二次退位，老師可說是目睹了第二次亡國。

老師沒有預期到還有第三次的亡國，而在第二次國亡後，已經長大的亡國之君溥儀在苦難中，竟然還有寬解的喜悅時刻。

張勳事變後，曾任清廷太保的徐世昌總統，竭力維持優待清室條件，段其瑞也說復辟非清室本願，乃出於張勳矯挾，宣統可以照舊在宮中稱帝，溥儀因而得以幸運地在十七歲（一九二二年十二月一日）於皇宮舉辦大婚，老師參加了中國封建王朝最後一次的皇帝大婚慶典。

辛亥革命後，清朝皇帝宣統遜位，革命軍與清廷簽訂「清室優待條件」，條文有八款，最重要的是前面三款：

第一款：大清皇帝辭位之後，尊號仍存不廢。中華民國以待各國君主之禮相待。

第二款：大清皇帝辭位之後，歲用四百萬兩。俟改鑄新幣後，改爲四百萬元，此款由中華民國撥用。

第三款：大清皇帝辭位之後，暫居宮禁，日後移居頤和園。侍衛人等照常留用。

「清室優待條件」承認大清皇帝仍留有尊號，也就是仍尊溥儀爲皇帝，居住在原居的紫禁城，溥儀如外國之君，清室內運作不變，朝儀如昔，由於歲用爲中華民國政府撥用，清室人員即爲中國人。

既然溥儀是中華民國承認有如外國之君，溥儀的大婚之喜不可輕忽，當時中華民國大總統黎元洪，在完婚前，先將一份厚禮送到未來皇后婉容的家，還派總統府大禮官黃開文爲專使，在陸軍中將王恩貴、韓澤暐以及陸軍少將和上校各一名的隨同下，向溥儀呈遞了如對外國君主之禮的正式賀禮。

中華民國對大清皇帝溥儀的大婚，盡了「敦睦邦交」之儀。迎親時，皇室的正副迎親大使慶親王和鄭清王穿著舊日禮服，手中執節，騎在馬上，捧著聖旨；中華民國政府派來的步軍統領衙門馬隊、警察隊馬隊、保安隊馬隊簇擁保護，昔日的清室皇族和中華民國穿戴著軍警制服的人員，嚴肅且和諧地走在北京馬路上迎親。後面隨著一頂黃緞銀頂轎和三頂黃緞銀頂車，以及龍鳳旗傘和鑾駕儀仗七十二副，四架裝有印璽和皇后禮服的黃亭和宮燈三十對。

溥儀的婚禮可說是辛亥革命以後的最熱鬧慶典。散居各地的前清大臣遺老遺少，紛紛趕來上表稱賀，圖書古玩乃至金銀財寶堆積如山。不只滿族王公匯集，蒙族王公也不遠千里而來。人山人海的慶賀者從乾清宮的丹陛排列到乾清門外，大多數人看不到溥儀的臉，只是在遙遠地方磕頭如搗蒜。

其實不獨北京人當時對帝制不排斥，輿論也有倡言保皇和君主立憲主張，對未來中國政治體制是民主或君主仍未有定論。

中華民國官員上自總統，以及有些先前在清朝居官者，對清室仍十分尊崇，甚至可說是眷戀。像鎮壓五四運動時的總統徐世昌，曾任清朝的太保，在溥儀選后時，將女兒的照片送給溥儀參考。溥儀結婚那一年的生日，徐世昌總統派去的專使是總統府侍從武官長蔭昌。蔭昌曾在清末當過陸軍部尚書，他完成專使儀式後，嚴肅說：「現在我還要代表自己給皇上行禮」，於是跪倒在地三跪三起，共磕了九個頭。

不只這些中華民國大官對溥儀行君臣之禮，像奉系軍閥高級將領張景惠（後來繼鄭孝胥後當滿洲國國務總理），也曾身穿高級大禮服，在端康太妃生日時，跪地磕頭稱壽。

不過，溥儀高高在上，接受兆民磕頭稱萬歲的日子不長，婚後不到兩年便告終結。

一九二四年九月二十二日，軍閥馮玉祥帶領三萬多兵力，攻佔北京城，囚禁賄選的總統曹錕。第二天，升任為國民軍總司令第一軍長的馮玉祥宣布，廢除清室優待條件，將溥儀逐出紫禁城。溥儀被迫回到醇親王府，但是住不了幾天，就得到醇親王府不安全的警訊。

民初一些不容於當權者或奪權失利人物，常會請求外國勢力保護，梁啓超維新失敗借助日人東渡日本。張勳復辟時，當時總統黎元洪逃入日本使館。張勳復辟失敗，逃入荷蘭使館。

溥儀的英國老師莊士敦主張住到英國公使館，他出面求助，英國公使麻克類以館舍狹小難容多人為辭拒絕。莊士敦又跟荷蘭使館、德國使館洽談，西方

使館無一接受，不得不轉向日本，日本公使館願意安排，溥儀遂避居於東交民巷的日本公使館內。

暫居日本公使館終非長久之計，溥儀聽從老師之一的羅振玉建議，派朱汝珍到天津尋覓住處，結果看中了清末湖北省提督張彪在辛亥革命後下台所建園子。這個園子本名「露香園」，因張彪所居，被稱爲「張園」。一九二五年二月，溥儀抵天津，入住張園平遠樓，於張園門外掛出「清宮駐津辦事處」匾額。

溥儀被趕出紫禁城，覓居租貸張園，不少忠於溥儀的清朝宗族心中不捨，主動前去要求輪流值班，保護溥儀，口中仍尊稱溥儀爲「皇帝陛下」，把「張園」稱呼「行在」。

一九二七年，張彪病終。溥儀在一九二九年改搬到同樣座落在日本租界內的「靜園」。靜園本名「乾園」，是駐日公使陸宗輿的住宅，溥儀入居改名「靜園」，取「靜以養吾浩然之氣」義，也有在此「靜觀變化」、「靜待時機」之意。

溥儀的第三次復國在形勢使然下醞釀，而老師也在阿瑪和太師母的全心栽培下，走出高牆圍繞的紫禁城和禮王府，向海外的世界探頭取經。

西方產業革命所帶動的變革，尤其船堅礮利的軍事力量迅速膨脹結果，不只引發了世界各國的大變革，幾個軍事強權並且擴充軍事力量，不約而同地指向未能隨時勢變通的中國。英國在清道光年間，開始憑藉武力要求中國開放通商，雙方議和不成，一八四一年，中英戰爭發生，中國戰事失利，簽訂「南京條約」。

「南京條約」後，美法效尤，要求利益均霑。隨後的半個世紀，列強陸續侵略中國，直至十九世紀初。

中國面對列強無休止的侵凌，出現了太平天國的反清事件，清廷內部在憂患中開始學習洋務的自強運動和維新運動，但都未能成功。

十九世紀初的列強中，軍事強國在東方是明治維新成功的日本，西方則是德國的希特勒納粹政權。

日本明治維新，高唱「尊王攘夷」。尊王是鞏固皇權，攘夷是防衛歐、美，所採政策為守勢。中國有鑑於維新運動強兵之術，「以夷制夷」遂成為有識之士的共識，軍事強國的日本和德國成為取經最佳對象。

十九世紀初期，日本以學習法西斯思想，享譽國際的學校，文的是專門培植貴族子弟的東京「學習院高等科」，武的是軍官育成所的「陸軍士官學校」。

遠赴日本學習軍事，次數較頻繁的，浙江奉化的蔣介石先生是其中之一。

西元一九〇六年，也就是溥儀和老師出生那年，十九歲（一八八七年十月卅一日出生）的蔣先生東渡日本，暫入東京清華學校，同年冬天返國。

一九〇八年，蔣先生再赴日本就讀東京振武學校；一九〇九年進入日本陸軍第十三師團第十九聯隊實習，爲士官候補生；一九一二年三月赴日學習德文，爲留德準備。

一九一三年討伐袁世凱失敗，蔣先生赴日本見孫中山先生；一九一四年，第一次世界大戰爆發，蔣先生又赴日本向孫先生覆命；一九二七年九月，蔣先生赴日本考察日本對華政策。

蔣先生在一九〇六年到一九二七年的二十年之中，來去日本次數頻繁。

溥儀被驅離紫禁城，住在天津時，也決定師法「以夷制夷」故伎，讓弟弟溥傑和內弟潤麒一同投考日本陸軍士官學校。據末代皇弟溥傑 云：日本陸軍以「投考士官學校必須由中國政府（即國民政府）擔保」爲由拒之。改名爲「金秉藩」的溥傑只好改入「學習院高等科」就讀。大溥傑二、三歲的老師，比溥傑早一步進入「學習院高等科」。

溥儀長大，十七歲大婚，和溥儀歲數相同的老師，婚事自然也有安排。老師在童幼時，依照「祖制」，訂了親，爹娘在老師伴讀告一段落後，不只安排老師留學日本，還決定老師帶未婚妻同行。

清朝皇帝貴冑都是親上加親，老師這門親事也不例外，遵照滿蒙通婚祖制，老師未來的福晉（夫人）是蒙古格格。

太師母是咸豐皇后的姪女，未婚妻是咸豐皇后的孫姪女，太師母和未婚妻都是「鈕祜祿氏」，未婚妻和老師同年生，比老師大幾個月，是老師的表姐，老師的未來岳父就是自己的舅舅。

老師常說，滿族孩子生下來就仰躺而睡，後腦勺十分平直，這是因為清代官帽後邊是平的，所以讓小孩子睡成平腦勺，以便長大後好戴官帽。而蒙古姑娘常見肉餅臉，他擔心未婚妻的長相，就是一張肉餅臉。

清朝皇族婚姻，訂婚後自六歲就不讓見面，老師少時有幾分好奇，盼能相見未婚妻一面。

老師有一個親姐姐，個性強悍，老師要東西，姐姐就是不給，老師不客氣就搶，有一次搶了一把梳子，老師笑說：「那把梳子可值錢！」姐姐雖然吝於給親弟弟東西，知道親弟弟想見未婚妻，却挺身而出，笑說：「這還不簡單，我邀請她過門，到咱們府裏走走，你不就可以看嘛！」老師雀躍不已，以為得計。誰曉轎子一到，未婚妻的丫環上前團團圍住，老師只看到未婚妻的髮頂。

老師跟嬤嬤說，想看未婚妻一眼，要嬤嬤設法，也未如願。嬤嬤沒帶人來，卻帶了一幅畫來，說是未婚妻畫的，老師使性子說：「不看！」嫫嫫說：「先看看再說吧！」老師雖然賭氣說不看，還是好奇看了一眼：「嗄，畫得比我好呢！」

清宮有清畫家畫院，許多知名畫師則在圓明園內的「如意館」教畫，如意館內有許多好畫，但都不署名，老師在如意館學畫。老師的畫作和賞析都有一定水準，不意未婚妻畫得那麼出色，雖然不得相見，卻也多了幾分更美的想像。

老師和師母第一次見面，大約在十七、八歲左右，溥儀被馮玉祥逼離紫禁城那個時段。

老師曾講一個挨太師母罵的往事。

老師在十六、七歲時，聽說北京天橋好玩又好吃。天橋有好聽的戲，也有不少禮王府未吃過的菜餚。

老師看天橋有左府菜（左府是左宗棠之府），卻沒有曾府菜（曾國藩），笑說曾國藩白活了，一生沒吃過好菜。老師吃了回回的羊肉，覺得味美極了。回禮王府後，有人向太師母打小報告，太師母問：「去哪兒！」

「天橋！」老師知道東窗事發，太師母定然知道他的去處，從實招來。

「做什麼呢？」

「沒花紅柳綠！」

「這我知道了，還有呢！」太師母續問道。

「到回回店吃了羊肉——比咱們府裏做的好吃！」老師實話說。

「什麼？回回的羊肉比咱們禮王府燒得好吃！」

太師母的聲音高了起來，老師知道事壞了，不曉如何收拾，幸好嫫嫫出面打圓場：「以後不要去天橋，以免吃壞肚子。」

太師母吃初一、十五的菩薩齋，平時素菜多，太師母又常命婢女磨珍珠粉讓老師吃，在府裏的菜色吃久了一定膩，老師從小就不喜歡吃菜，偶然吃回回做的羊肉，當然感覺新鮮味美，脫口說出實話，沒想到差點闖禍。

由這個挨罵往事推知，老師可能是結束毓慶宮的陪讀不久，即安排往日本留學。

老師成年後，對這門童幼所定親事並不反對，但總希望在高唱自由人權的時代，應該先見未婚妻一面再說吧。

老師想起師母繪畫不錯，就邀師母來禮王府看他的畫作。

看到師母，老師用了「亭亭玉立」四字形容。師母看畫時，適巧傳來腳步聲，師母一驚，藏進一個大櫃子裏。

日本的「學習院高等科」是「華族會館」設立的華族學校，招收中學生，男女併收，招收對象是各國貴族子弟，男女分校上課。有一說法，老師伴讀，帶有溥儀所賜的徽章，日本當局對老師背景調查得很清楚，竟然派了一個官階爲「大校」的武官，幫老師開門，還安排了一個年齡和老師相近的女秘書陪伴；老師在紫禁城當溥儀伴讀，沒想到留學日本，竟然有女秘書伴讀。

日本女秘書對老師溫順體貼，深情款款，終日隨行，未婚妻有一天向老師說：「乾脆納了吧！」

滿人王爺一般娶一個福晉（親王正室），可以再納三個側福晉，未婚妻才出此言，老師即正色說：「禮王府三代不納妾。」又說：「日本人想登堂入室啊！」日本人安排女秘書當伴讀，對老師未來動向高度關切，老師也看出日本人的軍國主義昂揚，對中國必有企圖，自己此話不只安了未婚妻的心，更警示未婚妻，日本人別具用心。

老師曾詼諧笑說：「這輩子最大的遺憾是，沒摸過日本女人的手。」又說，他曾到日比谷公園：「有人只看一眼，也終生難忘！」但不知說的是哪一個女子？是否那女秘書？

老師的警覺是正確的。也進入毓慶宮伴讀的溥傑，先入「學習院高等科」，再進入日本「陸軍士官學校」，且在日本人干預安排下娶了日本女子。

老師小太師母二十歲，老師上有一個親姐姐，所以太師母成婚大約在十八歲，而老師也可能在十八歲到二十歲之間和表姐完婚。

老師從未提及自己結婚情況。老師出生於禮王府，爲禮烈親王代善裔孫，結婚對象是蒙古格格，老師又是清朝末代皇帝溥儀的伴讀，恩師個個名重一時，這樣的身世背景、人際脈胳，與溥儀的大婚固然不能相提併論，至少稱得上是熱鬧風光吧！

老師自認多才多藝。結婚後，人逢喜事精神爽，常常吊嗓子唱起戲來。師母只是掩著嘴巴笑，有一天，師母笑說：「五音不全，天天唱。」

師母的家學是選學（昭明文選），不只四六駢文寫得好，唱戲也十分出色。滿人貴族常自辦票戲，不對外開放，而要募款，募款所得買窩窩頭救助窮人。師母的「三娘教子」唱得尤其一絕。老師承認唱輸師母，就逐漸不唱了。

其實老師的歌聲不錯，師兄吳榮彬曾聽過老師唱原住民的歌，和用日語吟唱，聲音發自丹田，悅耳動聽。

新婚不久，老師睡覺有時超過卯時（五點）。太師母會指示丫環向王爺請安，有一天老師沒有立即出房，仍然貪睡，太師母派了身邊丫環說：「太福晉說要保重身體！」

老師若是逗留在師母房間久一些，太師母就說：「男人要多待在書房！」

老師和師母甜蜜恩愛的日子不長。老師又被安排到西方第一軍事強國德國接受短期軍事訓諫。

老師多彩多姿的傳奇神秘中，什麼時候遠赴日本求學是第二個謎題。有師兄說，老師在十三歲時，由老管家陪同留學日本，由於年紀小，常在夜裏頭被窩中獨自飲泣，不能讓人知道，白天在日本人前，仍然得作個英雄好漢樣。並引述了老師一段聽來「事實俱在」的說法：「我從十三歲開始（留學日本），一直被日本管到四十歲（滿洲國覆滅），一輩子都反日本，只有二樣不反，味噌和生魚片。現在人雖不吃生魚片，但嘴裏也想起那滋味。人啊！慾海難填啊！恨日本人，深入骨髓，只有喝味噌湯時才會暫時忘記。」

師兄還轉述老師說，日本留學，每天早晨醒過來，跪坐在榻榻米上，對著一張小桌，桌子是白木頭製成。七十歲的老先生坐在中間，要大家先靜坐幾分鐘，說：「把自己心整理整理！」「身心喔，嚴肅自己的身心！」接著再說：「眼睛不要看，把心神交給我！」然後唱日本歌（老師說唱日本歌像發神經），做完這套儀式，才開始吃早餐。中國不太一樣，吃完飯，必須倒水壺裏的茶水到碗中，沖洗飯碗之後喝下。

但我卻有些疑問。

老師在十三歲才背熟四書五經，被太師母罵其他皇子十二歲都背完，怎麼多一年，沒出息。十三歲就出國，似乎太早。

老師曾跟莊士敦拜師，莊士敦於一九一九年入紫禁城教授西洋知識，還請老師吃西餐，老師不曉馬鈴薯，以爲是土豆，老師還記得莊士敦喜歡御膳房的點心，但一九一九年正是老師十三歲。

日本學制，高等科約略初中畢業後，老師初赴日本，日文不會很好，進入東京學習院高等科，十三歲好像不符實際。

日本派女秘書隨行，師母向老師說：「乾脆納了吧！」女秘書年紀不會太小吧！

老師辭世，弟子們依老師遺願成立「中華奉元學會」，成立會場放出老師昔日錄影，就是老師笑談十六、七歲到天橋吃羊肉往事，表示十六、七歲還在北京。

所以，個人淺見是老師在溥儀大婚後才偕未婚妻留日。至於十三歲留日的說法，可能是老師留日不是一個階段，而是兩個階段。而且來來去去，有寒暑假。

四、四十四年間經二帝五朝歷八雄十代

老師走過清末民初的亂離年代，有同門說，老師目睹了十七個政權的更替，也有人說是十八個政權。老師在一九八六年，於靜園告訴我，他在四十四年間經歷二帝五朝八雄十代。

有一師兄說，他見過老師將經歷的十多個政權，刻在一枚印章上。我一直未見過這枚印章，總感覺這麼多字，印章應該很長。「長白又一村」定稿前夕，我編輯圖版時，審視渡海觀音圖，發現老師所蓋的五個印章，除乾坤龍虎章、安仁居士章，還有三個小章，一章是「達德光宇宙、生命壯自然」，一章看不清楚，還有一章，赫然是「四十四年間經二帝五朝歷八雄十代」。

四十四年是從光緒卅二年（西元一九〇六年，老師出生之年），到民國三十八年（西元一九四九年）。二帝是光緒皇帝和宣統皇帝；五朝是光緒、宣統、復辟、大同、康德；八雄是孫文、袁世凱、德王、張作霖、吳佩孚、蔣中正、汪精衛、毛澤東；十代有兩個筆錄，一是中山先生的民國、袁世凱洪憲、大小德王蒙古政府二代、張作霖東北政府、汪精衛政府、蔣中正政府二代、人民政府二代；二是清、民國、洪憲、北洋政府、東北政府、南京政府、重慶政府、延安政府、外蒙政府、中共人民政府。

「清室優待條件」是國民政府和清室簽訂的條例，中華民國以「待外國之禮相待」，將清室明訂如外國，溥儀如外國皇帝。所以，這個優待條件相關皇族待遇第二條仍明文規範「清皇族對於中華民國國家之公權及私權與國民相等」，可見清皇族的基本權利爲國民權利，若外國人則無此權利。清室不能獨立於中國之外。這個優待條件應是普世公認必須遵守奉行不渝的條款，不能片面廢除，但一個擁有一師三旅約三萬官兵的軍閥馮玉祥，趁著夜晚兵變，攻佔北京城，囚禁賄選的總統曹錕，進而派兵進入清宮，竟然逕自宣布廢除「優待清室條件」，將溥儀趕出紫禁城。

軍閥馮玉祥一聲令下，就毀棄雙方簽署條件，可說蠻橫粗率，可馮玉祥並未因此受到譴責，國際輿論也沒有發出公然聲援溥儀的聲音，因爲中國內部自從國民政府成立後，一再搬演軍閥爭權奪利的戲碼。

袁世凱做皇帝夢不久病亡，各地軍閥招兵買馬，憑藉武力，爭城爭地，互相火拼，大者盤據中央，小者把持一方。段祺瑞專橫、張勳復辟之後，緊接的是循環內戰。北方有皖系、直系、奉系之爭；南方有寧漢分裂，桂系與滇系戰無虛日。一個領袖上台不久就下台。老師細數經歷目睹的政權有二帝五朝八雄十代，但未明定幾個政權。

馮玉祥將溥儀趕出紫禁城，溥儀頓時失去四百萬兩的歲用，天津的「張園」表面上自稱「行在」，實際上是向軍閥租用的花園別墅，對溥儀及隨從諸臣而言，自然個個悲憤填膺。

不料，另一個軍閥更在溥儀和前清遺老的傷口灑鹽，讓第三次復國行動的鐘聲敲起。

一九二八年七月，發生一件令溥儀和老師等滿族人最悲慟的事情。軍閥孫殿英的軍隊，竟然挖掘東陵的乾隆和慈禧的墳墓，把墳內的殉葬物劫掠一空。

乾隆自號「十全老人」，到頭來「屍不全」；慈禧太后每年由臣下恭送兩個字賀壽，幾乎用盡最美好的字，終而屍骨無存，連含在口中的大顆明珠也遭盜走。

悲劇發生後，前清遺臣來自各方前往張園弔慰，散居各地的滿人紛紛提供修補祖先墳塋的經費，溥儀召開應付這一事件會議，向當時國民政府抗議，要求國民政府嚴厲懲處孫殿英。

溥儀還在張園擺設靈堂，置香案祭席，供奉乾隆和慈禧牌位，每天分早、午、晚三次祭奠，還開放外人前來拈香致祭，溥儀並發表是可忍孰不可忍，誓報此大仇以慰先祖在天之靈的聲明。

「不報此仇，便不是愛新覺羅的子孫哩！」滿族人痛恨國民政府如有不共戴天之仇。

國民政府先是敷衍，傳說主席蔣中正已派閻錫山調查此事，即將審訊孫殿英，後來又聽說蔣主席已決定不予追究。

老師祖訓就是「無忝所生，無愧祖宗」，老師曾見到洋人在太廟養馬，就已經火冒三丈，何論東陵的乾隆墓和慈禧墓慘遭挖掘偷盜這種滔天惡行呢！恢復清朝祖業的復辟心火，在溥儀、老師和遺臣大老的心胸熊熊燃燒，也將溥儀的未來推向復辟之路，並且深明想復辟，要有自己的東北軍隊。

康有爲作爲保皇黨領袖，反對共和制，一心謀劃溥儀復位。張勳復辟，康有爲起草「復辟宣言」，失敗後逃至美國公使館，繼而遁入天津，次年獲赦。

溥儀在天津張園時，也住在天津的康有爲常去張園覲見溥儀，有時還講經，講的是春秋公羊傳，老師拜康有爲爲師。康太老師生日，老師也在張園爲康太老師慶壽。

康太老師在一九二七年，死於青島，據說是喝果汁遭日本人暗中下毒的。

老師說，康太老師生活講究，好享受，特殊癖好喝果汁，當天果汁下肚不久，腹劇痛嘔吐知曉中毒，太老師心知醫生無法救治，立即放水洗澡，換好衣服再死，定力非一般人所能，葬在青島嶗山。康太老師和太老師王國維死於同一年。

康太老師的評價兩極，譽之者稱聖人，毀之者曰瘋子。

老師認爲康太老師做事急功心切，欲速則不達，光緒帝若不逢康太老師，引起慈禧太后反目，可能成大業。康太老師死後，宣統沒給諡號，即因百日維新，使慈禧、光緒母子不合，斷送了光緒之命。老師說，康太老師若不猝死，「滿洲國」的成立也將因康太老師極力鼓勵下，可能會提前，受日本軍閥操控程度相對減低。

康太老師爲溥儀所籌劃的復辟內容，純粹恢復清朝原有的帝制，和日本人欲借溥儀之手操控東北大是不同，日本人顯然不願見他繼續影響溥儀。

溥儀移住靜園，積極規劃復辟，老師和眾臣集思廣義，提出了成立「滿洲國」的目標。

「滿洲國」（皇太極改女真為滿洲，將滿洲定為族名）並不是溥儀爲復辟才想到的國名，而是清朝肇祖布庫里雍順（清太宗定清朝肇祖是愛新覺羅孟特穆，即孟哥帖木耳，但老師多次說是布庫里雍順）住長白山下鄂多理城所建立的國家名字。所以，溥儀擬成立的「滿洲國」，不是新建國家，而是復辟，恢復祖業。

但要復辟、復國，憑藉什麼呢？實力顯有不足，憑藉外力，依靠厲行軍國主義蛻變成功的日本，或許不失一個方便法子。但是一旦依賴日本，偶一不慎就可能淪爲日本人的傀儡。日本吞併東北，野心勃勃，不得不防。

老師主張要效法太祖練八旗軍。

「八旗」是由努爾哈赤創立的軍事管理制度，先有黃、白、藍、紅四色旗作爲區別標誌，後來擴編爲正黃、正白、正藍、正紅、鑲黃、鑲白、鑲藍、鑲紅等八旗。擴旗的八旗，幾乎是清一色女真人（滿人）。後來又有漢軍八旗和蒙古八旗。

「八旗」隱含了八卦之意，八旗各佔一個卦位，又與五行相呼應。

八旗軍隊最高統帥是努爾哈赤，自掌兩黃旗，其餘六旗爲他的子弟所統領。順治以後，形成上三旗與下五旗，「上三旗」是鑲黃、正黃、正白，由皇帝親自統領，實質爲護從御營，其餘五旗即鑲白、正紅、正藍、鑲紅、鑲藍爲「下五旗」，隸屬皇室諸王統帶，以正紅旗爲首。老師先祖禮烈親王代善是正紅旗旗主。

滿族人都被編入八旗，是「在旗的人」，所以自稱「旗人」。被俘或投順的人也都要編旗，此即編戶為民，八旗制度實質上成了兵民合一制。

清末的上三旗總人口約四十一萬人，兵力約八萬四千人；下五旗總人口約六十四萬，兵力約十三萬八千人。整個清末八旗總人口數約一〇四萬人，兵力約二十二萬二千人。

老師練兵之地在紅旗村，老師當時意氣風發，形容彼時的快意心情，「縱馬滿蒙幽燕間！」

不過，已經移住靜園的溥儀，雖在靜園詔令隨從諸臣討論是否借助日本之力復辟，並未主動向日本提出，反而是日本尋上門來。

一九三一年九月十八日，日本關東軍南滿鐵道守備隊炸毀瀋陽附近柳條溝鐵軌，「九一八事變」爆發，二十萬的東北軍隊事先都無警覺，絲毫未作準備，關東軍一萬餘人於八小時內，佔領瀋陽城，隔天佔領長春、營口、安東等地。瀋陽失陷後，東北邊防公署及遼寧省政府移設錦州。一九三二年一月二日，日軍進入錦州，整個東北在一百天內全部淪陷。

日軍發動九一八事變不久，天津的日本駐屯軍司令官香椎浩平中將約溥儀到他的住處談話，勸溥儀離天津回東北「主持大計」。溥儀一聽，沒有立即應允，回說讓他斟酌後再定行止。

溥儀在靜園又召開內廷會議，隨從溥儀到天津的老師分爲三派，太老師羅振玉是理論派，主張借助日本復辟；鄭孝胥則是行動派，認爲要復辟，必須有足夠實力，若實力不足，只能借助外力，列強中的日本是近鄰，又是一個強大的君主制國家，對滿人抱有好感，這是絕好的外援；太傅陳寶琛提出以溥儀安全爲第一考量，沉重警告說：「去時容易，要回來可就難了！」老師也參加了靜園的會議，支持陳太傅的看法，溥儀於是作出了決定，回絕香椎的要求，不前往已遭日本控制的東北。

不過，日本已作成要溥儀前往東北的決定，想盡辦法逼溥儀上路，安排在溥儀身旁接二連三地發生恐怖暗殺事件，隨後日本大特務頭子土肥原賢二大佐到天津見溥儀，語氣和藹關切：「到東北成立新國家後，就由你主持一切，恢復清朝祖業，日本一定會尊重這個新國家的領土主權，一切由你作主，有任何外來的干涉和武力威脅，日本一定積極援助，共同防禦。」

一九〇四年，日俄戰爭爆發，日、俄之戰不在日本，也不在俄國，而是在中國東北，老師從小就對俄、日兩國痛恨入骨。老師留學日本，更洞悉日本軍國野心，幾度忠告溥儀，一進入已被日本關東軍佔領的東北，就是跳火坑，成爲日本的禁臠、傀儡。

不過，溥儀盱衡形勢，滿洲兵力無法與氣勢正強的關東軍對抗，何況自己在天津日本租借地貸屋而居，生命安全大受威脅，不如暫時依了日方回東北，再見機行事。

溥儀擬計接受日方意見回東北「主持大計」，沒有向太傅陳寶琛說明，以免陳太傅反對，暗中告訴鄭孝胥和其子鄭垂，由鄭氏父子安排到旅順。陳寶琛勸說不成，決定回福建福州休隱。

溥儀一到旅順，便遭控制，日本關東軍司令官本莊繁的參謀板桓征四郎到旅順，正式通知溥儀，日方所謂的「大計」，就是成立「新國家」，不過這新國家不是溥儀所盤算的清朝復辟，而是建立一個滿、漢、蒙、日、朝鮮五個民族所組成的「滿洲國」，日本人要在這個新國家當官吏，新國家首都決定在長春，改名「新京」，國旗採用五色圖形，讓溥儀錯愕不已。

溥儀當下一驚，心涼了一半。溥儀構思回東北就是回復祖業，日本大特務頭子土肥原賢二也清清楚楚表示，他到東北成立的新國家就是讓他恢復清朝祖業，現在剛離開天津，進入旅順，尚未到長春，日本軍閥就拉臉變卦，表明新國家「滿洲國」是由滿、蒙、漢、日、朝鮮五個民族所組成，日本人還要派滿洲國的官吏，赤裸裸暴露日本操控滿洲國的真面目。

天津開放爲各國租借地，日本人也有租借地，日本尚不敢公然橫行天津。九一八事變後，東北已淪入日本關東軍之手，溥儀的處境一如陳寶琛的預測：「去時容易，要回來可就難了。」

溥儀被安排進住太和旅館，連夫人婉容想見一面都困難，老師更是難以接近。

溥儀見情況不對，面諭老師去福州接回陳寶琛太傅。陳太傅在老師保護下趕到旅順，趁兩次見面時，再度勸諫，不能與日本合作。由於事機不密，陳太傅險些被日本關東軍囚禁。

溥儀形同遭軟禁，把心一橫，拒絕了板桓征四郎所提出的新國家由五大民族組成的構想。板桓征四郎大爲意外，命令鄭孝胥向溥儀下通牒，如果溥儀不接受日本軍方的安排，就是日本軍方的敵人，他們就要採取對待敵人的手段。

鄭孝胥告訴溥儀暫時忍耐，恢復祖業爲先，成立滿洲國後再作計較。

溥儀面對日軍一步緊逼一步的無奈現實，在形勢比人強的壓力下，一九三一年十一月十日，抵達長春，新國家名字雖然符合溥儀的心願，命名「滿洲國」，但不是復辟，溥儀也非皇帝，而是執政，鄭孝胥擔任國務總理。

溥儀在日本關東軍授意下，以滿洲國執政名義，宣布東北和南京國民政府脫離關係；日本軍方雖然達到了利用溥儀控制東北的戰略目的，但發現溥儀當執政興趣缺缺。

一九三一年的辛未年冬至，溥儀在長春召開內廷會議。冬至正是遜國前夕；遜國之日，溥儀和隨侍諸臣都要哭廟，老師的心情十分沉重。

這個內廷會議包括主持滿蒙大計的息侯、太傅陳寶琛、國務總理鄭孝胥等人。

溥儀心情頹喪，眼見九一八事變發生，日軍猙獰面目逐漸顯露，黯然說了一句話：「無顏面蒼生呵！」

溥儀當日面諭老師是「內廷良駒」，這個動作有接班之意，但對日本恨之入骨的老師並沒得意，反見力主借助日方之力復興祖業的國務總理鄭孝胥面有得色，冷哼一聲：「欺君！」

鄭孝胥見他的弟子竟然當面說他「欺君」，漲紅了臉。

隔年（一九三二年三月），日本關東軍司令官本莊繁離職，先由武藤信義接位，不久又改換菱刈隆到任，在菱刈隆「蒞臨」下，溥儀告天即位為皇帝，兼任海陸軍大元帥，定都長春，將長春改為「新京」。鄭孝胥起草滿洲國國歌與建國宣言。「滿洲國」在名義上回復帝國的稱號。溥儀登基復國，是滿族子孫完成了敬天法祖，亡國後努力恢復祖業，終而重登大寶，以君臨萬民的光榮使命。

「滿洲國」成立，在當時並未引起中國人民如對袁世凱稱帝的憤怒撻伐。

就政治體制來說，溥儀遜位後，有袁世凱的「洪憲帝制」以及張勳復辟，中國政體適合實施西方民主的政黨政治或如日本的君主立憲，得失難言，贊成或反對純為個人知見。

就現實面而言，當時政局混亂，軍閥憑藉武力割據一方，內鬥酣熱，卻無法抵禦列強外侮。俄國、英國圖謀割裂外蒙、西藏，日本有心侵吞南滿、東蒙，並且進兵山東。

更重要的是，國民黨政府領導人對日本態度沒有前瞻遠見，態度分歧，有人挾日本自重，有人反日。

九一八事變爆發前，南方的國民政府分南京和廣州兩政府，汪精衛的廣州國民政府下令討伐南京的蔣中正政府，外交部長陳友仁還赴東京謀求援助。

九一八事變發生後，南京國民政府勸廣州政府內爭停息，共赴國難。十一月蔣中正的南京國民政府派代表蔡元培、張繼、陳銘樞等人與廣州代表汪精衛、孫科、鄒魯等人會商於上海，議定雙方分別召開國民黨第四次全國代表大會。

南京代表大會通過請蔣中正北伐，保衛國土，收復失地；廣州代表大會中，曾遭蔣中正羈押的胡漢民不只堅持蔣中正必須下野，且解除其兵權，開除黨籍。十二月十五日，蔣中正辭去南京國民政府主席兼行政院長。

中國領導階層忙於內鬥，那有閒工夫對滿洲國的成立表示關切呢！漢人、滿人領袖對日本人感情錯綜複雜，孫中山先生在日本倡言驅逐韃虜、打倒滿清，討袁失敗後到日本，召蔣中正赴日，蔣中正更到日本軍事學校求學取經。

老師和溥儀之弟溥傑相繼到日本留學，日本人彼時國富民強，軍國主義擡頭，有心建立「大東亞共榮圈」，併吞東北，扶持「滿洲國」是大戰略。溥儀和老師當然看得出日本的狼子野心，不只復辟大業無法擺脫日本軍閥的操控，連個人的生命安危都在日人的掌控下，遑論其他。

日本軍閥在東北駐軍叫「關東軍」，關東軍司令官代表日本天皇，每個月一日、十一日和二十一日三個逢一的日子，關東軍司令官一定要和溥儀見面。

鄭孝胥為普及滿洲建國思想、王道精神，且使篤學之士從事研究，一九三七年五月二日在新京（長春）日滿軍人會館，召集籌備會議，成立「王道書院維持會」，顧問理事多為日本人。

六月一日，鄭孝胥在長春東五馬路的公館開講，內容是孟子、大學等書，學院性質偏向研究機構。

一九四〇年，王道書院正式招生，三年制，培育目標是中學教師和協和會職員，所開課程有四書、五經、史記、漢書、古文獻、神學，日語、建國精神等。

王道書院共招生四期，每期約六十人，教員二十人，日本人佔多數。

日本投降後，王道書院改爲國學院，復改爲私立哈爾濱大學，現併入吉林大學。

鄭孝胥公開於王道書院發表言論：「滿洲國已經不是小孩子了，就讓他自己走走，（日方）不應總是處處不放手。」言論公開後，鄭孝胥被迫離開國務院總理之職，換上張景惠，並告訴溥儀應該放手無爲，全由張景惠操勞，只要在文件上裁個「可」字。

鄭孝胥賦閑後，吟詩作畫打發日子，常吟陶淵明詩「萬族皆有託，孤雲獨無依」，三年後，病逝於長春柳條路家中。死因有兩種說法，一說爲暴病，一說日人毒死。

老師在溥儀滿洲國的職位是「御前行走」。

老師先祖昭槤遭革爵後，他的兒子奉派到宗人府主事，很顯然地，老師的祖宗從昭槤以下，都負責宗人府事務。老師曾說，滿洲國成立時，他應該到宗人府辦事，但溥儀特別叫他不要到宗人府，而是到國務院幫國務總理鄭孝胥。

「行走」類似今日的特助，「御前行走」即爲皇帝的特別助理，可以隨時面君，在皇帝面前走來走去。

「行走」並非正式官銜，卻是皇帝身邊的親信紅人，康有爲曾當光緒皇帝的「總理衙門章京上行走」，康有爲幫助光緒皇帝維新，舉薦的楊銳、譚嗣同、林旭、劉光第爲「軍機章京上行走」（章京是清代官名。清代凡都統、副都統以至各衙門辦理文書人員，都稱章京。如都統稱固山章京，副都統稱梅勒章京，總兵官稱按班章京，以及軍機章京、總理衙門章京），羅振玉當過「南書房行走」，鄭孝胥也當過「懋勤殿行走」。

老師沒有大戰功，軍階只懸掛少校，可是因爲有「御前行走」之名，可以參加重要軍事會議。

滿洲國成立時。老師才二十五歲，正是年輕力壯年紀。溥儀在日本關東軍監視下，行動遭到限制，復辟興國要事的真正行動，也不能託付像鄭孝胥、羅振玉等年高諸臣。

溥儀在張園時，已命令老師操練八旗兵，溥儀登基滿洲國皇帝，還命令老師掌管軍機處。

老師是禮烈親王代善裔孫，統領八旗中的正紅旗，約十一萬人，有七十四個佐領，兵二萬三千。老師練過武術，善使雙槍，嫻熟兵法，又在日本、德國受過軍事訓練，不是紙上談兵的文弱書生，而是有膽有謀的治國用兵大才。

老師在滿洲國期間，發生一件讓溥儀和日本軍方大爲驚訝的事情，老師開槍擊斃一位日本大佐。

日本派一名大佐去見老師，那個大佐態度囂張，說話辱及溥儀，本來就力阻溥儀前往長春的老師大爲震怒，竟然掏出手槍向大佐開槍，不想卻一槍斃命。老師見事態嚴重，火速稟報溥儀。

溥儀問老師：「怎麼一槍殺了他呢？」

老師說：「槍法不準，我本來想打他的腿，打錯了地方！」

「那怎麼辦？」溥儀又問道。

老師並未立即回答。溥儀當下命令召關東軍司令官前來，怒責關東軍司令官下屬行止跋扈，並且正告說，「日滿合作就此作罷！」

日本是否對華動武，並非上下一心，全民共識，而是經過內部劇烈的政爭結果，最後主戰派取得勝利，而關東軍司令官位高權重，有志此高位者眾，個個虎視眈眈。

關東軍司令官當時的任務，就是培養溥儀在長春成立新國家。日滿關係若不能繼續維持，再大的戰功都無法彌補此一失職。關東軍司令官只能息事寧人，將大佐之死作妥當處理。

老師見溥儀處理此事鎮定如恆，反應很快，不免稱讚道：「聰明莫過於皇帝！」

我和三位師兄弟都聽過老師這段回憶，前臺大哲學系系主任林義正師兄說，那位日本人是「來使」，似乎可以推測那位大佐奉日本高層之命去看老師。老師提及此事沒有後悔，而是感慨說：「要槍斃一個人，怎麼會自己動手呢！」

至於此事發生事因、經過和如何了結的真正實情，我們不得而知，只能把此事當成老師的另一傳奇。

老師是溥儀的伴讀，更是一起長大的密友，溥儀把復國重任託付老師，老師積極結交四方人馬，籠絡地方勢力，整合滿族兵力，當時有頭有臉的檯面人物，老師幾乎都見過。

爲袁世凱鼓吹帝制，發起「籌安會」，受贈「曠代逸才」的湖南才子楊度，老師說此人臉容極白，幾無血色，能言善道，這種人非大賢即是大奸大惡。楊度下場不好，即因無德。

一九四一年，登上南京政府大位的汪精衛，帶了太太陳璧君到長春拜見溥儀，老師說汪精衛確是美男子，而太太陳璧君是公認的醜。老師也見過與汪精衛同路的胡漢民。

東北那時有滿洲軍官學校，老師曾主講「王道思想」，聽課的包括當時日本駐天津的總領事，後來成爲日本首相的吉田茂，以及韓國後來的大統領朴正熙。

老師形容吉田茂戴小帽，手拿小手杖，微胖，似卓別林。

滿洲國在日本居心處慮設計下，二次大戰時，成爲與同盟國對抗的「德意日滿華」五個軸心國之一。（「華」指汪精衛政府，兩岸處理這段歷史，都只有德意日三國）

曾到德國受訓的老師，奉溥儀之命，擔任「經濟使節團」團員，遠赴德國簽訂「物資援助協定」，面見德國納粹領袖希特勒和義大利大獨裁者墨索里尼，老師評論希特勒：「不論德業，只談個人，希特勒極具領袖魅力。」

在那個殺來殺去的履霜年代，老師認爲要成大業得有膽識，他常常走險棋出奇計，幾度死裏逃生。

老師年輕時個性剛嚴，作事完全依自己判斷，旁人甚難影響。有一次，老長工哀求太師母、師母免其獨子死罪，太師母、師母告訴老師「放了吧！」老師點了頭，那罪囚後來仍遭槍斃。師母質問老師，不是應允放了嗎，老師回說：「是放了，放了氣！」（老師老年對此事，念念不忘，頗有悔意）

東北有識之士，得悉老師這一號人物，有一幫鬍匪向老師放話，想要他們歸順，可以前來談談，老師於是個人雙槍赴會，讓他們信服。老師馳騁滿蒙幽燕間，暗結不少英雄志士。

溥儀在關東軍安排下，一九三五年四月二日訪問日本，面見日本裕仁天皇和裕仁之弟雍仁；第二次訪日在一九四〇年五月，迎回了日本的天照大神。

溥儀兩度赴日，非個人所願。滿洲人有自己供奉的長生天，老師見到天照大神，向溥儀說「論語說，『非其鬼而祭之，諂也』」（不是自己的祖先而祭祀，這是諂諛行為），溥儀嘆了一口氣，沈默不言。

日本將滿洲國當成傀儡，在一九三七年四月最爲露骨。

溥儀之弟溥傑在日本士官學校畢業後，在長春滿洲國擔任「禁衛步兵團」排長。溥儀和溥傑商量再婚，由皇后婉容幫溥傑物色適當對象，於是把婉容的一家親戚請到長春，打算撮合溥傑和她的女兒結婚。幾番磋商之後，雙方都同意，日方知曉此事，公然干涉，希望溥傑和日本女子結婚，以符合日滿親善原則。

日本關東軍於是安排溥傑和日本嵯峨實勝侯爵的女兒嵯峨浩結了婚。

溥傑結婚後不久，關東軍要求滿洲國政府制定「帝位繼承法」，主要內容是「皇帝死後，由其子繼之。無子時，以其孫繼之。無子和孫時，以其弟繼之。無弟則以其弟之子繼之。」

溥儀告知老師這個被日本人宰制的帝位繼承法後，向老師喟嘆說：「不能讓日本人得逞！」

溥儀突然感慨，老師默不作聲，溥儀續說：「當初先帝曾說，他們這支若沒有子嗣，就還政禮親王——同治帝沒子嗣，德宗帝也沒子嗣，我又沒子嗣，豈非天意——日本人子孫想當滿洲國皇帝，我沒法向列祖列宗交代，你就接了這個重擔吧！」

老師的確接下這個「重擔」。

日本在滿洲國制定「帝位繼承法」後，並排按兵不動，而是立即展開推動溥傑接皇位的計畫。

日本人趁溥儀祭太廟的時候，要溥傑另行祭典。溥傑爲了吸引滿洲民眾，打出了「隨溥傑去的，一人可以領一包米。」老師聽到這個消息，來不及到國務院向鄭太老師請示，就和自己的隨侍騎馬四處宣揚：「隨溥儀祭太廟的每人發兩包米。」將大部分的人轉移到太廟，消除了一次政變的危機。

溥傑因娶日本女子爲妻，後來定居日本，後人也都在日本。溥傑晚年回滿洲，但族人不許他回祖廟。

溥儀復辟後，總要到東北各地方「巡幸」，視察撫慰鄉親人民，主要省城鄉鎮包括瀋陽、吉林、哈爾濱、鞍山、本溪湖、安東、延吉、牡丹江、齊齊哈爾、錦州、佳木斯、關島、扎蘭屯、王爺廟、海拉爾等處。

滿洲國成立，並非全東北人都額手稱慶，一些地方出現抗日部隊，尤其是哈爾巴嶺一帶最強悍，關東軍雖調派六個團保護，老師仍擔心溥儀的安全。

老師熟讀兵書，喜歡用奇謀、奇計，他做了令溥儀擔心的決定，主動找上抗日份子商量，自己暗中也成爲抗日份子。

滿洲國在日本操控下成立，老師是滿洲國皇帝溥儀的御前行走，負責軍機，按理說，他要配合關東軍，對抗中國軍隊、特務，但老師對日俄戰爭的兩個對戰國日本和蘇俄都恨之入骨。抗戰期間，老師捉到國民政府的特務，在耳朵打一個洞就放走，遇到日本兵，有機會就開槍，老師並說：「我是情報出身，每天拎著腦袋出門，不曉得晚上能不能回家！」

老師的憂心不是杞人憂天。東北在日本掌控下，自然會出現賣國漢奸，日本軍知道老師抗日，展開追捕行動。

老師逃亡時，身帶一名保鑣史雲生（另位師兄說是史得勝），找到一個隱密的藏身處，史雲生先進去查探說：「尿騷味很重，大概是養馬的廄子！」史雲生言下之意是不能躲藏，老師卻說：「這個地方好，安全！」

有一天，老師的行蹤遭日軍盯上，老師急匆匆逃跑，竟然跳過一樓半高牆，闖進一戶民宅。生死迫在眉睫，那民宅主人一看老師神色，即知爲抗日志士，二話不說，立刻脫下身上一襲單薄藍色長袍，與老師互換，並遞交給老師他的身分證。老師才得以虎口餘生。

老師若被捕，不只是個人生死問題，可能會因滿洲貴族的反日，惹出極大事件。

一九六九年（民國五十八年）三月十八日，老師向文化學院學生說：「今天是我的第二個生日！」很可能這一天，就是老師逃過日軍追殺之日，或者這天是救命恩人的生日。

抗戰末期，周恩來帶夫人鄧穎超及一個男童來看老師，周恩來說：「王爺！

我們不拿一針一線，不拆老百姓的門板，我們會善待部隊，我們沒有禮物，只從西口趕來幾隻羊，請你們廚子殺了吃。」

老師叫鄧穎超「鄧大姐」，而當天所見男孩，似乎就是李鵬。老師說，周恩來是駐防旗人之後，出生蘇北淮陰，有紹興師爺的刀筆，善談判，律己甚嚴，又是美男子。國共談判時，國民政府有意請南開中學創辦人張伯苓當和事佬，而南開中學畢業的周恩來勸張伯苓說：「有特殊地位才有特殊立場」，建議張伯苓暫作觀望。中國共產黨勝利，周恩來功勞不小，因爲國共和談，國民黨談判代表是張群，共產黨是周恩來。老師說，清亡之後，唯一在紫禁城開追悼會的就是周恩來。老師認爲伊尹之後的名宰相就屬曾國藩和周恩來。

滿洲國成立於一九三三年三月，一九四一年十二月八日，日本發動太平洋戰爭，倡言建立「大東亞新秩序」；一九四五年八月十五日，日皇裕仁在美軍投下兩顆原子彈後，宣布無條件投降，溥儀也隨即宣讀了「退位詔書」。滿洲國政權維持了十四年。

日本侵華，意外促成中國停止內戰，團結對日抗戰，而領導對日抗戰的就是在日本學軍事的蔣中正委員長。

溥儀有寫日記的習慣，離開長春之前，燒毀了日記和藏在所住的「緝熙樓」

地窖內的相片和記錄影片。溥儀從長春趕到通化車站，坐火車穿過通化城到了通化機場，再坐八人座日本軍用小飛機到瀋陽，準備換乘大型飛機，駛往日本，不料就在瀋陽機場樓上客廳休息時，從玻璃窗內看到蘇聯的飛機連續不斷著陸，溥儀和弟弟溥傑成爲蘇聯的階下囚。

老師沒有陪同溥儀離開長春，先行藏躲起來。老師深思自己雖然手中已無兵力，影響力仍存在，不只國民黨和共產黨都在追捕他，連蘇聯、日本特務也想得到老師。

抗日勝利，蔣中正領導的國民政府打了勝戰。審查滿洲國戰犯，槍斃許多漢奸，老師先躲到姐姐家裏。

老師看出自己未來的兩條路：一是躲藏，但有殺身之禍；另一是投誠，難免受苦。

老師深思後決定出面投誠。國民政府很快判定老師無罪，但蔣中正委員長不信，指示將老師送到南京再審。

老師南京行，對自己的吉凶禍福已有坦然接受的心理，但仍掛念太師母和妻兒的安危，尤其擔心溥儀遭蘇俄逮捕後，可能受到蘇俄威脅，重蹈滿洲國的復辟覆轍。

「滿洲國」的成立，老師和溥儀曾作懇切深入的交談。「滿洲國」的國名雖然和「大清」不同，表面上是「新國家」，其實是「恢復清朝祖業」的復辟，不僅要統治東北地方，而且要如祖宗般的統治整個中國，老師向溥儀說：「先祖爲什麼能統一漢族，最重要的法寶是『以寡御眾』，我們絕不能劃地自限。『復辟』不能打折，就是要恢復祖宗榮光。我們不是漢人，但我們祖先學習漢人文化，每個滿人都有漢姓，我們不做漢奸！」

老師又分析形勢說：「中國的大患不只日本，還有蘇俄，蘇俄一直陰謀併吞蒙古、新疆，對東北也圖謀不軌，我們要特別防範蘇俄！」

蘇俄在七月二日提出參戰的條件之一是，中國須承認外蒙古獨立。八月九日，日本遭原子彈轟炸，投降在即，蘇俄才對日宣戰。

中國和蘇聯在八月十日簽訂「中蘇友好同盟合約」，其中一條是「蘇俄聲明，日本投降後三星期內，蘇聯軍隊開始撤退，三個月完成」，但老師認爲蘇俄對中國野心昭然若揭，不單是經濟特權的取得，更重要的是覬覦中國領土。溥儀若是被挾持回東北，如外蒙古般宣佈獨立，屆時新疆、蒙古、東北都將落入蘇聯之手，北方、東北屏障一失，中國危矣。

老師不只憂心溥儀的安危，也掛慮溥儀在蘇俄拘囚下，是否能夠無愧祖宗，不作漢奸。

老師不只目睹第三次亡國，而且參與了復國、亡國的整個過程，當然也得付出沉痛的代價，老師常在課堂上有感而發：「老師爲何愛國？第一次糊里糊塗亡國了，第二次張勳復辟，第三次滿洲國。真的假的國家，亡國都不是舒服的事。我告訴你們，國不可亡，到今天爲止，我沒有休息過一天，總在思考臺灣的未來，你們要好好努力啊！」

五、殺一人而絕天下望者不殺

國民政府在南京成立，國民黨要員也都集聚南京，老師被護送到南京問話。訊問時，老師凜然說：「我不作漢奸！」

老師曾留日，在德國接受軍事訓練，又指揮滿洲國的軍隊，訊問者聽到老師說出幾個國民黨在東北十分重要的地下抗日工作站，十分肯定老師。

國民黨在東北的地下抗日工作站，有不少處遭老師掌握，老師若是動手破獲，對國民黨在東北的抗日行動，傷害將極為嚴重。老師雖在滿洲國為溥儀做事，並未做漢奸，甚至成為抗日份子。

但是，老師曾經主張中國應該採行如美國的「聯邦制」，南京政府認為老師言行不當，有挑撥之嫌，批文拘禁百日。

老師在南京問審時，在滿洲國十分活躍的前清肅親王女兒金璧輝（日本名字是「川島芳子」），被國民政府認為是間諜，在日本投降時，即被國民黨軍隊逮捕，從北京押到南京問審。一般說法，金璧輝不久即遭槍斃，但老師說，金璧輝在南京曾帶口訊給老師，可能未遭槍斃。

老師拘禁百日時，爲了打發時間，開始讀熊十力的書，一看大爲折服。拘禁日滿，老師仍不能離開南京，形同軟禁。

蔣中正主席蠻注意老師，問老師願意當國大代表、立法委員或監察委員，老師一概拒絕。

在南京的國民黨大員，對老師頗爲客氣，像蔣主席的重要文膽張其昀，名書法家于右任，時任國民大會代表的報人成舍我、教育家包德明、天主教南京總主教于斌。

于斌是黑龍江省蘭西縣人，身材高大秀逸，是個美男子，有「人中之龍」稱譽。

于斌在十一歲時，全家遷到海北鎮的天主教村子，即信仰天主教，二十三歲被保送到羅馬傳信大學專攻哲學，民國二十二年得到伯魯日大學政治博士，民國三十五年榮升南京總主教。

老師和于斌住在同一條街，吃麵條常碰頭，兩人又都是東北人，交談甚歡，老師也看了于斌所送的聖經。

老師對東北的影響力，國民政府官員十分重視，老師的南京住處，也是嚴家淦後來到南京的住所。有「廣西王」之稱的李宗仁，得悉老師拘禁在南京，特別前去探視。老師在南京心情十分沈重，蘇俄佔領東北後的撤軍未依合約如期撤出，老師不免憂心忡忡。

蘇俄對日宣戰後，立即出兵佔領東北，逮捕溥儀，七十八萬關東軍在一九四五年八月二十一日，向蘇俄投降。依「中蘇友好同盟合約」約定，蘇俄應在九月中開始撤軍，十一月底撤軍完成，但蘇俄卻始終不見撤軍行動。

蘇俄在列強壓力下，拖延四個月。一九四六年四月三日，長春俄軍才宣佈自各地撤軍日期。四月十四日，長春俄軍開始撤離，老師才放下心中的塊石。溥儀雖然落入蘇俄之手，卻沒有愧對祖宗，讓東北獨立，淪爲蘇俄的附屬國。

不過，蘇俄一撤軍，國民黨和共產黨就在四平進行大會戰，老師沒料到就在四平第一次大會戰後，老師會搖身一變，以勝利者之姿重回長白山下，再見日思夜想的至親至愛和故土。

四平是當時遼北省的省會，人口八萬，位於中長、四洮、四梅鐵路的交點，爲東北交通樞紐，工業及軍事的重鎮。四平東北郊山巒疊翠，西南郊河流縱橫，形勢險要，又因位處中長鐵路上瀋陽與長春之間，是南北滿通衢的咽喉和分界地，也是戰略必經之地。

四平本爲市，民國改爲遼北省省會，滿洲國改稱四平省。南滿生活習慣日

式化，北滿俄式化。

四平當地老城以外修了新城。滿洲國時代的四平、長春已用瓦斯，電線埋在地下，使用先進打字機。鞍山鐵礦、撫順煤礦都在附近，馬路寬闊，可飛小型飛機，日本自殺飛機都在四平製造。

國共首次四平大會戰，共軍採取守勢，林彪親自統帥十四個師十餘萬人，廣築工事，以四平市爲中心，組成一條蜿蜒百餘里的防線；國民政府軍最初只有孫立人軍長的新一軍和廖耀湘軍長統領的第六軍，後來增至七軍共二十八萬人。

蔣主席對國共四平戰役十分關切，派國民政府第一任國防部長白崇禧前往東北督戰，五月十九日共軍失利，撤離四平，國民政府軍進入四平，第一次「四平會戰」告一段落，國民政府軍並繼續進軍長春。五月三十日，蔣主席蒞臨已進佔的長春。

首次四平會戰勝利後，南京政府決定組成「慰問團」，慰問團團長是于斌，老師成爲團員。

老師成爲慰問團的團員，不只因爲老師是東北人，四平和撫順、鞍山等地曾是老師先祖的封地。

日俄戰爭在東北開戰。國共爭雄何者勝出的關鍵四平大會戰，在老師先祖的封地打了起來。

國民政府軍打贏了首次的四平會戰，利用遭國民政府軟禁的老師回故土，宣慰戰勝的官兵和老師的故土鄉親，希望老師協助穩定東北人心。

國民政府爲處理東北接受善後事宜，設軍事委員會委員長東北行營及政治、經濟兩個委員會，劃東北爲九省，任熊式輝爲行營主任兼政治委員會主任委員。四平收復後，參謀總長陳誠認爲共產黨不堪一擊，天下已太平，不只不增新軍，而且要裁軍。

表面上，共軍兵力薄弱，採取人槍分離方式：不怕兵逃掉，怕槍丟掉，兵逃掉可以捉兵補充，槍丟掉就無戰力，所以把槍綑在騾車上，打仗時再起槍，子彈數目固定，用完不再補給。老師看到共軍的槍像燒火棍，戰力的確不強，但仍向陳誠、熊式輝作了一些建言。

老師覺得東北百姓在共產思想改造後，民情已非昔日，滿洲軍未能接收，是一大隱憂。

老師指出，滿洲軍設備跟關東軍一樣，僅次美國。國民政府不增軍且裁軍，滿洲軍、東北軍等六十萬大軍一旦入共軍之手，勝負未可知，但陳誠仍堅持不增軍、裁軍的改編遊雜戰略。

慰問團行禮如儀，宣慰稱讚辛苦得勝的官兵，在四平該吃的飯都吃了，于斌便率團搭機回南京。老師卻表示要往長春慰問鄉親老友。

老師沒想到，出四平，進入長春不久，共黨又包圍了長春，老師決定逃向四平。

南國北共。當時的共軍盤據北方，國民政府軍佔據南方。最危險的地方就是最安全的地方。老師本應南行，但覺得直接南下危險，決定先北行再西行至內蒙古，轉南至開原折返四平。

老師氣宇不凡，身上又藏槍，自覺身分可能已經曝露，於是找了一間小廟，廟內空無一人，老師等了一會兒，和尚回廟，問老師：「幹什麼？」

老師回說：「幹什麼？你看幹什麼？掛單！」

「你又不是和尚，怎麼掛單？」掛單是一個和尚到他地寺廟，方便寄宿。

「馬上給我落髮，給我一領僧袍！」

和尚見老師從腰際起出一把手槍，顫抖地幫老師落髮換僧袍。老師喬裝了和尚，剛將原來和尚安排好，一隊軍人進廟問：「有沒有看到王爺？」老師回說：「廟裏只有和尚，沒有王爺！」老師於是一路唸阿彌陀佛北行。

有一天傍晚，老師走到一座名爲「甘露寺」的廟，發現寺廟外佈滿了共軍，顯然是共軍大本營，老師硬著頭皮往寺內走去。

「幹什麼，你這和尚幹什麼？」衛兵喝道。

「回家啊！」

「回什麼家？去！去！」

「廟寺是和尚的家啊！我沒地方住，天晚了，不到寺裏住，住哪兒！麻煩給出家人一個方便！」

衛兵聽這個和尚說得有道理，指著廟內一角地方說：「喏，就一宿！」

老師有一天借住一間共軍進駐的廟宇，一個農夫丟了牛，臉色張惶想進寺問神明，遭共軍攔阻，吵了起來，一共軍見喬裝和尚的老師，問會不會卜卦？老師扮了和尚，只能點頭，問農夫想問什麼？農夫回說丟了牛，能不能找回。老師一占是歸妹卦初九：「歸妹以娣，跛能履，征吉。」因爲爻辭有跛足之象，就問農夫走失的牛是不是跛腳，農夫一聽大驚，他走失的牛確有些跛腳。不只農夫認爲這個和尚是活神仙，共軍也訝異驚奇。老師認爲運氣只有一次，怕共軍和這農夫去找人來算命，一旦失準，可能曝露身分，二話不說，趕忙離去。

老師潛逃時曾遇見蘇聯和共產黨搜捕軍，老師不只沒有躲避，而且主動要求給予素食止飢，騙過盤查。

老師一路躲躲藏藏，走到孝莊皇后（大玉兒）的故鄉開原，搭上火車往四平，不意一到四平，國共正進行殲滅爭城戰，整個晚上槍砲聲隆隆。清晨槍砲聲停歇，老師想出外查看戰況，拉開門閂，房門卻推不開。用盡全力，推開縫隙，門外屍體卡住了門，勉強掙出身子，望眼一看，倒抽一口寒氣，老師看到一幅人間慘狀，屍體處處橫陳，鮮血染紅街巷，老師不得不踏屍而過。

觸目死屍，無非血肉同胞，老師深深感觸，戰爭殺人不能解決問題，只能製造寡婦孤兒，毫無意義，宗教領袖應好好集思廣益，消弭戰爭。

四平會戰共計四次：一、一九四六年三月十五日至十七日，林彪東北民主聯軍攻取四平；二、一九四六年四月十八日至五月十八日，杜聿明佔四平，林彪率部撤退；三、一九四七年六月十一日至六月三十日，林彪東北民主聯軍反攻四平失敗；四、一九四八年三月，東北聯軍改名「東北人民解放軍」，三月四日外圍戰鬥，三月十二日總攻擊，三月十三日結束，共軍佔據東北。

老師回四平時，國共第二次會戰剛結束，國民政府軍杜聿明將軍佔領四平，林彪敗走。

四平的國共大會戰結果，決定了政權歸屬，共軍收編滿洲軍，戰況逆轉，國民政府精銳部隊慘遭殲滅甚眾，導致了後來徐蚌會戰失利，江山易守。

老師歷經生死劫難，尋得國民政府軍大本營。

老師向國民政府駐軍叫門，門略開，守門士兵問幹啥？老師答說：「投誠、繳槍」。

守城官兵一見老師堂堂相貌，又身帶雙槍，不敢怠慢，立即通知總部，並喝令老師不得自由行動，總部派車接走。

總部問清老師身份後，得悉老師是南京派來的慰問團團員，立即送老師回禮王府。

老師從四平回到北京禮王府，可說是死裏逃生，太師母見老師歷劫歸來，神情激動說：「不求你有什麼偉勳，但求勿助人爲惡！」

一九四五年十二月十五日，美國總統杜魯門發表對華政策聲明，並派馬歇爾使華調停。

馬歇爾曾與老師會面，馬歇爾的翻譯用美國人，不用中國人。老師覺得馬歇爾是個武夫，自認東北地方百姓要感激他的解救之德，心存高傲，以致調停無成，馬歇爾在一九四七年一月返美。

老師回禮王府日子不長，蔣主席有了一個偶然的機緣，對老師和老師的東

北同鄉張學良，作了相同的安排。

一九四六年（民國三十五年）五月五日，國民政府還都南京，蔣中正主席前往中山陵謁祭孫中山先生，祭告抗日勝利；十月二十一日，蔣主席偕同夫人蔣宋美齡飛抵臺灣台北，參加台北中山堂舉行的臺灣光復一週年紀念大會，並在臺灣停留八天，遊覽日月潭等地，認爲臺灣是一片「乾淨土」。

蔣介石一遊臺灣，心血來潮，改變了兩個東北人的命運。

一九〇一年出生的張學良是東北奉系軍閥張作霖的長子。一九二八年張作霖被日本關東軍炸死，張學良由奉系將領推舉爲首領，出任東三省保安總司令，一九三〇年就任陸海空軍副司令。一九三六年，十二月四日，蔣主席到西安督戰，張學良與楊虎城向蔣要求停止內戰，全面抗日，遭蔣訓斥，張學良、楊虎城發動「西安事變」，扣押蔣主席，提出抗日八項主張，並通知中共周恩來，與蔣宋美齡、宋子文協商和平解決西安事變。

張學良協商完成後，力排眾議，護送蔣主席到南京，立時遭扣留軟禁，十年中先後監禁於浙、贛、湘、黔等地，由於張學良影響東北甚大，周恩來又在一九四六年的國共政治協商會議上，要求釋放張學良。眼不見爲淨，蔣主席靈機一動，就在他從臺灣飛回大陸一個月左右，一架坐滿警衛的專機飛到一片乾淨土的臺灣，張學良和趙四小姐被監禁當時名叫「草山」的陽明山。

張學良在草山不久，即被移禁在新竹縣竹東鎮的井上溫泉，一九五七年十月二十四日，搬到高雄西子灣石覺所建的白色房子；高雄監禁處在柴山，可以俯瞰整個高雄夜景和高雄港，景觀極其美麗。

張學良遭一個三、四十人組成的警衛隊監禁，警備隊直接聽命於總統官邸和情報局，負責監禁張學良的警衛隊隊長為劉乙光。

張學良監禁在西子灣時，仍不允許看報。張學良在臺灣監禁初期，仍抱著蔣先生放人的希望。有一年，蔣介石生日，張學良送時鐘祝壽，提醒蔣介石關他的時間太久了，該放人了。蔣介石回贈釣竿，頗有慢慢等之意。

張學良在監禁期間，有兩個同鄉去看他，他的日記寫著：「大家相對泣，恐非東北人，不知箇中滋味，因夢中涕泣，被看守我的人，將我叫醒，我心中十分慘然。」

政治慘烈無情，一般人的生命如草介，所以稱「草民」。但仍有些人既殺不得，也放不得：「殺一人而絕天下望者殺不得，縱一人而為世患者放不得。」張學良自然明白，不免心中慘然，同是東北人的老師感同身受。

一九四七年（民國三十六年），臺灣發生二二八事件不久，老師得到通知，

整理行李，將有遠行，可以攜家人離開。

晴天霹靂，老師不料蔣介石先生並未忘記他，還擔心他有所作爲，下此命令。太師母不願離開祖塋故土，要守著祖業。滿人觀念，太師母不離開，師母當然就要留下侍奉。前途未卜，太師母和師母將祖宗所留下較珍貴的紀念物，小心慎放一口木箱內。

爲了減低離別愁緒，無法隨老師離開的師母故意向老師打趣說：「你罪孽深重，自己去，我才不去呢！」

蔣主席在日本習武，老師在日本學文。蔣主席後來領導中國對日抗戰，老師雖在滿洲國與日本軍方有過從，卻不只對日本人無好感，甚至常暗夜身帶雙槍，看到惡行惡狀的落單日本兵，毫不客氣開槍。老師與蔣主席相差十九歲，兩人留學日本未曾碰面，但蔣主席可能一時起意，一如張學良，自己不敢放心大用老師，又怕爲共產黨所用，決定了老師下半生的命運，將老師監管在臺灣，監管在他所謂的「乾淨土」。

六、讀書一支香

國民政府主席蔣中正指令載送老師的專機，將老師送到臺灣北部一處名為「草山」的臺北市郊。老師被拘禁的不遠處，不久前羈押過張學良。老師一到草山，張學良已被送往竹東。

老師剛到草山，有四個兵看守，大概認為老師隻身在臺，插翅難飛，不久就撤哨。

老師在草山認識的人，其中一人姓張，老師叫他「老張」。

老張是張學良的親戚，眼界甚高，戴了一付金邊眼鏡，重視儀容，穿著體面。

有一天，老師正在修剪花樹，某人來找老師，看到老張穿戴講究，以為就是老師，滔滔不絕說了許多，遭老張訓斥一番，才說老師不在。

老張對老師十分敬重，有時會親自下廚，作幾道小菜請老師品嚐。

臺灣四周環海，當時交通不便，可用「插翅難飛」形容。國民政府初時對老師似乎有意好好重用，指示老師在三十六年的雙十國慶日演講，老師拒絕，告訴來人說槍斃都不能。有些官員不滿老師不聽話，說老師得重病，需要安樂死。老師在這鬱鬱寡歡時期，認識南志信。

南志信是國民大會第一屆制憲代表，可能是臺灣第一個學醫的人，是名醫杜聰明的學長。南志信的母系是排灣原住民，教育廳長陳雪屏請南志信陪同老師至臺東，面見當時的臺東農校校長陳耕元，陳耕元禮聘老師當教導主任。

陳耕元是卑南族卑南社人，一九〇五年十月二十日生，比老師大一歲，一九二一年進入卑南公學校（今南王國小）就讀，一九二五年進入臺東公學校（今臺東大學附設實驗小學）高等科，日籍老師瀨戶川看中他的打棒球能力，將他網羅至棒球隊。陳耕元在一九二五年進入嘉義農林學校（今嘉義大學）就讀，並參加棒球隊。一九三一年嘉農參加日本的夏季甲子園棒球比賽，獲得亞軍殊榮，已經二十六歲的陳耕元爲當家游擊手，太太是嘉義人。

一九三二年，陳耕元從嘉農畢業，前往日本橫濱商業專門學校（今日本橫濱大學）就讀，一九三五年畢業，先在嘉義稅捐處、嘉義自動車會社（今嘉義客運）服務，而後返回嘉義農林學校擔任老師與棒球隊教練。

臺灣光復後，陳耕元回臺東，在臺東糖廠任職，而後到臺東農校（今臺東專科學校）任教，一九四七年出任校長。

陳耕元在原住民中，學經歷都算出類拔萃，但他在日據時代，所受的教育是日式教育，對中華文化陌生，校方需要一立嫻熟中華文化的人負責中文教學，曾在滿洲國創辦「新民農校」的老師不是夠資格，而是被小用了。

不過，我們不曉老師到臺東農校當教導主任，是陳雪屏個人善意安排，還是蔣中正主席的授意。

老師和陳耕元年紀相若，兩人又都留學日本，可以用日本話交談。那時，陳耕元剛生了第二個兒子陳建年，老師在天熱的晚上，和陳耕元在屋外搖扇聊天，老師很喜歡小娃兒陳建年，常抱在膝間，陳建年不曉得抱著他的是王爺，常在老師褲上撒尿。老師也不知道這個膝上愛撒尿的小娃兒，後來會當臺東縣長和原民會主委，而陳建年的女兒陳瑩會當立委。

陳耕元熱愛棒球，也關心各種體育活動，老師對西方的運動籃球十分興趣，試著玩，越玩越有趣，那時有一個體格高一八七公分的阿美族學生，身材高大，運動天份很高，老師和陳耕元校長加強培育他。這個學生不負校長和教導主任的慧眼識英雄，後來以十項全能比賽打破亞運紀錄，勇奪金牌，並在一九六〇年羅馬世運會勇奪十項全能銀牌，這學生就是「亞洲鐵人」楊傳廣。

老師飽讀古書，欲以所學行道濟眾，從未想到教出來的第一個著名學生，會是揚威國際體壇的十項全能高手。

臺東在臺灣縣市發展，屬於落後縣市，原住民約佔三分之一。身爲清朝貴冑的老師被指派到當時被平地人卑視爲「番仔」的山地縣市，可老師並沒有僻陋的情緒。

論語子罕篇，子欲居九夷。或曰：「陋，如之何？」子曰：「君子居之，何陋之有？」

孔子周遊列國欲道濟天下，卻志願難償，自嘆將往九夷，有人向孔子說，九夷之地僻陋，如何是好呢，孔子回說，君子在什麼地方，都能自得其志，有什麼僻陋呢？

老師不是自命清高，而是他的祖先在明代朝廷眼中是東夷，孫中山先生把滿人稱爲韃虜，國民政府和遜位清室簽署「清室優待條件」，如外國皇帝般稱呼溥儀。原住民算是南蠻，蠻夷一家親，老師並不崖岸自高。有一張照片，老師高興的穿上陳耕元所送的卑南族服飾，戴上漂亮的頭圈，手持微出鞘的獵刀，綁布帶，穿深色衣，腿紮卑南圖紋褲管，神態悠然從容。老師歡喜吃原住民的小米飯，喝原住民釀的小米酒，烤山豬，還學原住民抽竹煙桿，走遍了原住民的部落，蘭嶼和綠島都去過。

校長中文程度不佳，學生當然更差，不會說中文，看不懂文字，老師笑說：「十個字就夠山地學生學半個月了！」老師有時會說些經文，老師可說是臺灣講經第一人。

老師在乾淨純樸的臺東，仍有難掩的落寞與惆悵，張學良身邊有趙四小姐相陪，老師卻是孤身來臺，對依戀故土的太師母和妻兒，老師的惦記與思念不時縈迴腦際，心底不時自我慰安，這僅是短暫的作別，相逢之期不會太遠。

老師做夢也沒想到，短短兩年，國民黨竟然失去大陸江山，而將他移監到臺灣的國民政府主席蔣中正也逃到臺灣，兩岸情勢陷入混亂緊張的對峙態勢。

蔣先生一到臺灣，很快宣佈戒嚴，不但臺灣個人行動受到限制，言論、結社、遊行等自由也都遭到剝奪。

蔣介石失去大陸政權，逃到臺灣，但他卻在臺灣很快另起爐灶，自己制定法條，當上總統。

老師在大陸的活動範圍是東北，蔣介石管不著，老師沒想到在臺灣島上，反而管個正著。而且，他的回鄉路，也因蔣介石到臺灣給堵住了。

老師住草山時間不長，卻對草山作出貢獻。師兄孫鐵剛表示，老師跟張其昀說：「『草山』名字不好，豈不是『落草為寇』嗎？」張其昀將老師的話，委婉轉告蔣中正總統，於是將「草山」改爲「陽明山」，只不曉「陽明山」是老師建議的，還是蔣中正本人或旁邊大官想出來的。

不過，潘英俊師兄別有一說：蔣中正撤退到臺灣，在草山行館召見在臺東的老師，有意安排老師做官。老師答說：「我們在草山，不就是落草爲寇嗎？」老師還當場送蔣先生帶去的王陽明墨寶。不久，「草山」就改名「陽明山」。

據了解，蔣中正總統將老師所送的王陽明法書轉送故宮博物陽。故宮博物院的字畫都來自清宮，當年的故宮博物院院長蔣復璁看見老師到故宮，就說：「老闆來了！老闆來了！」

一九五二年（民國四十一年）十二月底，前北京大學校長、駐美大使胡適到臺東，無意中與老師相見，讓老師人生有了轉變。

臺灣的市縣民政局處，都有一個「道路規劃小組」，給新闢道路命名，小組要外聘較有學養的委員，臺東當年要找真有學問的人物不容易，老師被推薦爲委員。

臺東舊火車站前一條新路將命名，老師認爲清代臺東直隸州最後一任知州是胡鐵花先生，建議新路名爲「鐵花路」。

胡適在民初推動新文化運動，搞新文學，當時演講十分轟動，阿瑪每當老師出門就叮嚀：「不准去胡鬧」，就是不准去聽胡適演講。老師對胡適的「中國哲學史」，也不以爲然，認爲是血淋淋的斷頭之作，沒能寫出中國哲學的根本大源，但就事論事，胡適的父親胡鐵花對臺東有貢獻，值得紀念。

「胡鐵花」原名「胡守珊」，後改「胡傳」，字「鐵花」，是胡適的父親。新路命名剪綵，請來胡鐵花的兒子胡適。胡適訝異何等人物會取「鐵花路」的路名，打聽之後，會見老師，胡適與老師有過一番晤談。

胡適曾寫過中國哲學史大綱、嘗試集、章實齋先生年譜、戴東原的哲學、神會和尚遺集等書。胡適出任駐美大使時，結識一些美國的中國通，有些中國通有意繼續作中國文化深造，當時中國和美國關係緊張，只能到臺灣找尋真正可以請益中國之學的教授學者。

美國加州大學洛杉磯分校東亞學院創辦人魯道夫，曾在北大進修十三年，也在一九四九年之前，在中國購買了十多萬本書，東亞學院的圖書館因而名爲「魯道夫圖書館」。魯道夫研究殷墟甲骨文，和胡適頗有交情，魯道夫利用中美文化基金會的庚子賠款，到臺灣進修，基金會先後推薦的兩位臺灣大學教授並不合魯道夫之意。胡適與董作賓商量，董作賓推薦老師。胡適曾見過老師，胡董兩人意見相同。魯道夫於是寫了毛筆字向老師表達拜師之意。

老師本來仍有斟酌，胡適卻一直敲邊鼓，魯道夫在臺灣認識中央研究院史語所所長、大陸雜誌發行人董作賓。董作賓比老師大十一歲，他在殷墟考古和甲骨文上貢獻突出，成爲繼羅振玉、王國維之後的主要奠基石之一。太老師羅振玉死後，將未完成的遺稿交給董作賓整理，董作賓和老師有師兄弟之誼，魯道夫又透過董作賓，請老師指導。老師於是結束臺東農校六、七年的教導主任工作；離開臺東農校不久，陳耕元因車禍喪生（一九五八年），而他推動的棒球運動卻在臺東生根萌芽，開出璀璨的花果，臺灣棒球運動的興盛，陳耕元有莫大功勞。

老師在一九五六年（民國四十五年）開始教授洋博士弟子，魯道夫是向老師問學第一個人。

魯道夫對老師十分謙恭，還沒上課前先到。魯道夫專門研究殷墟甲骨文，知曉老師是羅振玉、王國維等治甲骨文大師的弟子，向老師請教對甲骨文的看法。老師認爲古文字只能研究，不能成實學，答了兩個字，令魯道夫瞠目咋舌：「猜夢！」

老師解釋，羅振玉太老師是個標準的書呆子，常常將一個甲骨文拓片掛在紙窗上，問說：「像貓？像狗？」今天說是這個，明天又說別的，像是猜夢般。

老師認爲，古人有解夢的書，根據夢中景象來解夢，但羅太老師解讀甲骨拓片，連夢的邊都沒有，所以用「猜夢」形容。

當然，要學羅振玉的殷墟甲骨文，親自受教於羅振玉的老師，指導魯道夫綽綽有餘。

魯道夫不僅向老師請教殷墟甲骨文，也在老師指導下，研讀一些宋朝典籍。由於魯道夫早已成名，年齡大老師二、三歲，老師當他是朋友，而非弟子。老師真正的收徒當在四十七年。

胡適不只介紹魯道夫，還介紹其他洋博士，老師跟胡適說：「我一天三個饅頭就可以打發日子，你可別再給我添麻煩！」

可是，口耳相傳，洋博士想入門拜師的越來越多，老師只好採取篩選方式，而非來者不拒。

一般洋博士想學中國之學，找老師像找家教一樣，要考老師；「師嚴而後道尊」，老師反其道而行，要考考有心求教的洋博士，夠不夠格成爲他的弟子。

美國漢學界翹楚魏斐德生前是美國加州大學柏克萊分校的講座教授，曾任美國歷史學會及社會科學研究學會的會長，他與耶魯大學的史景遷，哈佛大學的孔復禮，號稱漢學「三劍客」，魏斐德的好友紐約大學教授羅慕士（翻譯三國演義及道德經）介紹他面見老師，老師沒有立即答應，告訴魏斐德，至少先花三個月功夫，在別處好好學習中文口語，再來安排。

魏斐德從孝經學起，講課時數由原先一星期兩天增加到五天，讀完四書後研習易經、春秋公羊傳。

老師讓這些洋博士亦步亦趨、慕道向學，和一班大學上課方式完全不同。一般大學授課時數有限，只能採用演講方式，教的是自己的研究感想，老師卻是一個字一個字教，教典籍所載的本來思想。

老師教學極有耐心，自言教洋博士是豐子愷（當時名漫畫家）式的教學法，讓洋博士弟子不只認字，而且掌握每一文句的真正涵義，也讓受學弟子在老師一貫的思想體系中，享受被啓發的喜悅。

老師曾問洋博士「懂不懂」，洋博士弟子說「懂了」，老師戲說：「我講了半天，自己都不懂，你卻懂了！」

可別看老師授課時身穿長袍馬褂，頭戴瓜皮帽，懷疑老師是老學究、老冬烘、老古板，似乎不懂西方哲學，其實曾留學日、德的老師可以引用柏拉圖來論證王弼的觀點，老師還能講授佛經。

有些西方政治人物想了解中華文化，陸續專程來臺拜師，曾擔任美國中國科科長的費浩偉也是老師的門下弟子，美國前總統老布希到大陸當駐美大使前，先來臺灣，他的一個兒子維克（非後來當總統的小布希）也向老師拜師。外國洋博士專程來臺學習中國文化，以當老師的徒弟爲榮。臺灣的政治人物不可能沒有耳聞。

有一天，蔣經國先生沒有事先約定，突然到老師住處，當面請老師教他的兒子，會面說話內容不得而知，老師好像沒有答應。

老師教出的洋博士弟子來自各精英學府的博士研究生，在海外評價甚高，可說是執漢學的牛耳，他們學成時希望得到老師的證書或推薦函，一九七七年八月二十日結業的弟子班大爲，在相簿中貼了老師當時的玉照和介書（推薦函），畢業證書是這樣的：「查美國學生班大爲，於一九七五年六月至一九七七年八月，從余學四子書（論語、孟子、大學、中庸）及五經（詩、書、禮、易、公羊春秋），並春秋繁露，兼讀古注。遵中國治學方法，不雜意說，該生領悟力強，頗體經旨；初解大義，略窺微言。循途精進，定有厚望，乃可造之材，來日必爲中西文化之良介，耑爲推介。　天德黌舍　毓鋆」

近百年來，學術文化以西學爲高，臺灣許多人常想盡辦法，到國外拿個學歷文憑自我炫耀，老師沒有學位文憑，學歷只是清華大學國學院旁聽生，竟教起外國學生，而且還是博士研究生。洋博士弟子以擁有老師推薦函爲榮，讓學界耳目一新。

老師的推薦書並未對洋博士弟子過度美言，像班大爲的推薦函只是「頗體經旨，初解大義，略窺微言」；同樣在一九七七年畢業的夏含夷師兄跟老師讀老子和易經，老師的推薦函是「略窺見大易之玄門」，夏含夷師兄在老師逝世的公奠禮上，代表洋弟子致悼，說得一口好中文，而且真情流露，讓聞者動容，他自認自己當時已學得不錯，老師竟然用「略窺見」之語，是輕視他所打下的學術基礎。

夏含夷師兄花了三十多年讀易，後來看到馬王堆帛書「周易」、阜陽漢簡「周易」、上海博物館所藏戰國楚竹書「周易」，以及其他相關出土文獻，他才發現老師當年的評語是正確的。

二〇〇六年，老師百歲，美國中國學專家席文教授、班大爲教授、黃宗智教授、歐達偉教授、鄧爾麟教授、包弼德教授、夏含夷教授、甘慕白教授、伊羅教授等十餘人，由美國專程來臺，爲老師慶壽，夏含夷師兄代表洋弟子，將做好的相框上呈老師，框內文字是「美國同學慶祝毓老壹伯歲照相集」，老師一看，指出「伯」字寫錯了，夏含夷師兄說要帶回去改正，老師笑說：「不用，就讓大家看我教出來的洋學生有多糊塗！」

老師對洋弟子不只沒有阿諛，甚至有時對洋弟子悟解不足不假辭色，這些受教外國弟子卻仍然畢恭畢敬，誠惶誠恐，班大為教授就有這樣一段「嚴師出高徒」的戰戰兢兢回憶：「我們的師生關係的互動也非常有趣，並富有教育性在其中。我必須動用我所有對文化敏感的資源，恰當地管理我自己，以免冒犯老師或使老師不開心。有時這意味著靜靜地、專注地聆聽，當毓老發洩他對某些事情的怒氣，包括其他學生的不敏感。毓老無耐心於沒有給予他恰當尊重，或全心全意學習的學生。由於我們外國學生接受的是個別輔導，沒有任何準備就前往上課是不可能的，我也從來不敢這麼做。在一整年中，每個星期去上課都是一種冒險。誰也不知道該期待什麼——毓老會穿什麼、他會是什麼樣的心情，或他會不會滿意我的準備和問題。」

老師早期的洋博士弟子稱老師是「劉先生」，中期以後的弟子和臺灣弟子都一樣稱「毓老」。

老師的洋博士弟子，民國六十年前所收的，大都是名校的榮譽教授，像簡慕善是伯克萊加州大學榮譽教授、席文是賓州大學榮譽教授、孟旦是密西根大學榮譽教授、黃宗智是洛杉磯加州大學榮譽教授、吉德威是伯克萊加州大學榮譽教授，而民國六十年後較中期弟子中，如包弼德是哈佛大學教授、班大爲是黎海大學教授、夏含夷是芝加哥大學教授。

老師對清末洋人侵凌中國，並且強迫中國劃出租界地十分反感，又見中國不少女子因遭外國人侮辱而落髮出家極爲痛心，沒想到他到臺灣正式收徒，第一批弟子竟然是洋博士。

老師的洋博士結業弟子，魏斐德在一九七〇年時統計，美國人三十三人，日本人二人，韓國人一人，英國人二人，加拿大一人，越南一人，未結業的短期受教者，謙稱自己未受正式薰陶，不夠格名列門牆，只敢以「黌舍之友」相稱，加上後來新收的超過六十人，總計外國博士弟子約百人。

一九六六年是老師六十歲整壽，洋博士弟子在民國五十九年，出版了一本以英文寫就的「無隱錄」，收集了一些弟子的研究心得，第一篇文章即是魯道夫所寫的「羅振玉訪殷墟」，「無隱錄」的書名是魏斐德所訂，取自論語述而篇子曰：「二三子以我爲隱乎？吾無隱乎爾！吾無行而不與二三子者，是丘也。」

「無隱錄」收錄十篇，篇篇有份量，可說難能可貴。但老師的身世背景，傳奇又神秘，老師自己幾乎不提，魏斐德所記老師傳記，可能根據一些資料推測，但因爲是首度出現簡介老師的文字，大家常引用，像說老師的祖父是世鐸，拜梁啓超爲師，並著有「新清史」等稿，應該有誤。

老師在民國五、六十年間的洋博士弟子教學，可說馳名海外學界，尤其是美國。概括原因有三：

一、學博而精，出手不凡

董作賓曾代理過中央研究院院長，胡適後來也當了中央研究院院長，兩位中央研究院的院長都佩服老師學養，二人所媒介的學生是美國漢學泰斗的加州大學洛杉磯東亞學院創辦人，老師可說是出手不凡。而老師得以鎮懾洋博士，和老師的宮廷文化董陶和出自禮王府的家世有關。

老師初見有意拜師的弟子會問想學什麼?弟子若說想學韓非子，老師就教韓非子，想學老子就指導老子，想學理學就授理學，想學佛經，老師剖析佛理十分深入，甚至想學中國醫藥，老師也不讓弟子失望。

「無隱錄」有十篇論文，其中有「外丹窺管」、「慧皎在高僧傳的義解論」、「一八〇〇—一八五六廣東的秘密社會」。老師不只懂外丹，甚至也懂鍊丹，老師曾說「祖父信丹，父親信佛，我信心」，老師還曾立志懸壺濟世，當醫生，但太師母要他救國為重。禮王府施藥三百年，有許多秘方，後代子孫就有人因負

債，將秘方賣給同仁堂。老師講冰鑑，嫺然兵法，對秘密社會當然了然於心。

老師之學不僅博，而且精，不是僅只浮面的文字翻譯，而是就經文的文本，依經解經，體系一貫。

二、深契情理，威儀懾人

老師不只深契經文，也游刃兵書，自己又在滿洲國掌管軍機，通權謀之術，人情事理鍊達。

西方電影常以長袍馬褂、瓜皮帽的服飾造形醜化中國人。

滿人的長袍是常服，平常時候所穿，盛宴或朝會才披馬褂。老師身材魁梧，身穿長袍馬褂，頭戴瓜皮帽，手指套上玉扳指。洋博士見老師穿著，不只沒有不敬之意，反而肅然起敬。這是老師的威儀，懾住洋博士弟子的原故。論語顏淵篇子曰：「出門如見大賓，使民如承大祭」。老師用經書的力量折服洋弟子。

老師早期授課，性喜聞磬聲、香味的老師，右手拿經書，左手拿一支香。點了香，將香放在書桌上的鼎形香筒裏，說：「讀經一定要崇敬書，必得燒香。」洋弟子哪曾見過這種讀經方式，個個像吃了興奮劑，茫酥酥地陶醉在老師高雅說書的氛圍中。

老師六十歲才戒煙，戒煙前授課時，常吞吐著一桿鑲著碧玉的煙桿或煙斗，左手小指伸得長長的。吞雲吐霧，煙霧或隱或現，出版「無隱錄」的弟子魏斐德在恍惚中，就像是英國出使中國首任特使馬戛爾尼首度被傳召覲見乾隆皇帝的光景。

「師嚴而後道尊，道尊而後民知敬學」，大部分的老師都知道這句話，似乎只有老師把這句話發揮得那麼淋漓盡致。

三、易筋洗髓，幼稚園教學

一九七五年到一九七七年受教於老師的芝加哥大學教授夏含夷，向老師學習「老子」，他後來寫了一篇文章「我和毓老第一門課」，師兄張輝誠曾轉載。師生對話，十分生動有趣，一般人認為很有魏晉名士對話或禪門味道的公案。內文說，老師問有沒有準備。夏含夷師兄回說準備了。老師就要夏師兄唸老子第一章「道可道，非常道；名可名，非常名」，老師聽後大聲問：「什麼意思？」

「對不起，老師，我不很清楚到底是什麼意思。」夏師兄回道。

「你不清楚？好，我告訴你，『道可道，非常道』的意思是道（大聲，後面停止了兩三秒鐘）——可（拉得很長）——道（又是大聲），非（又拉得很長）

——常道！懂了嗎？」

「對不起，老師，還是不清楚。」

「還是不清楚。好，我給你說白話文，意思就是『道可道非常道』（說得特別快），懂了嗎？」

「對不起，老師，還有一點不清楚。」

「還不清楚。好。我再給你說一遍。『道可道』的意思就是『道』（大聲）可（強調『可』第三聲聲調）道（強調『道』第四聲聲調），『非常道』的意思是『非常』（非和常連在一起說）——道（又強調『道』第四聲聲調）。懂了嗎？」

夏含夷師兄和老師這樣一問一答反覆了十幾分鐘，夏師兄突然好像有所體會，「道可道，非常道」的意思似乎了然清楚。

一般讀者看到這段文字，會認爲老師似乎只有唸文句沒解讀，懷疑老師的授課方式，而夏含夷師兄何以重覆唸了十幾分鐘原文，就突然懂了，不免也懷疑夏含夷師兄真正懂了嗎？

老師對魏晉玄學和禪宗都有很深的研究，但老師以儒家人物自居，不會用清談或公案式教學啓迪弟子。

有人問蓄長鬍的老師是不是教師先生，老師點頭。那人續問教什麼？老師回說「幼稚園」。

老師曾笑說教洋博士弟子是採用豐子愷式的幼稚園教讀法。或許有人會認為用不深刻、不專精的「幼稚園教讀法」，有低估這些揚名海外的中國學者專家學術成就，其實不然。老師這種教讀法是宮廷的正統教讀法。陳寶琛太傅的教讀，是每一句都要唸百遍，而後再回文、提文。

老師常說古人立說為文，都是常時白話文，書讀百遍自通，讀書不可從註解入手，後儒註解常是引文為自己立說，不一定是原文的文義。言必稱朱註、程註者，就是朱奴、程奴。

「道德經」的文字，今人讀來，何字不懂？若每一句話重覆唸個十幾分鐘，不真懂也自認懂了不少；夏含夷師兄雖然讀了不少書，但中西文化差異性頗大，夏含夷師兄當時對文化悠久的中文典籍認識，不一定比在禮王府長大的六歲老師多。

名師出高徒，老師帶著弟子一字一句從頭唸，這些洋博士弟子受限於民族、環境、文化差異，或許不能深入中國哲學的堂奧，但在老師循循善誘下，打好根基，大抵能窺見中華文化的廟堂一隅，老師給夏師兄的推介書才用「略窺見」

之語。老師親授的洋弟子，一開口，就能說出高一般外國學者的語言，一爲文就能引經據典，甚至寫出不易讀的易經、春秋研究文章。

洋博士弟子問學十分景仰老師，有的還訂製長袍聽課。老師平常不接受邀宴。有一次，幾個學成的洋弟子到臺灣看老師，請老師吃飯，送老師回家，還送上一個紅包，老師點點頭說：「這些洋弟子懂規矩！」又自嘲說：「這不是見錢眼開嘛！」

國民黨在臺灣重起爐灶，作黨的自我改造，一九五〇年八月五日，中央黨部內成立改造委員會，張其昀任秘書長。

張其昀字曉峰，爲蔣中正浙江寧波同鄉，是歷史學家和地理學家，曾任浙江大學文學院院長兼史地系主任。是國民黨政府從南京遷往臺灣的首倡者，在陳布雷自殺後，張其昀成爲蔣中正信任的智囊之一。張其昀後來又擔任國民黨中央宣傳部長和教育部長。

老師在南京遭訊問時，認識張其昀，張其昀聽到老師向洋博士講課，有些驚訝。張其昀印象中的老師，是滿洲國擁兵者，是一介武人，怎麼會轉成文人，而且教起外國洋博士呢？張其昀問老師：「你怎麼會教洋博士呢？」

老師玩笑說：「胡適說我有學問嘛！」

國民黨舊的中央黨部當時叫「凱歌歸」，意思清楚，要唱凱旋歌回歸大陸。張其昀當秘書長時邀請老師參加一些會議。老師對軍中改革提出一個十分人性又前衛的建議：爲穩定軍心，宜合乎人性，要解決軍人性問題。老師這建議引起很大爭議，老師說了一句話，「飽漢不知餓漢飢」，這建議終被採納，前線地區成立「軍中樂園」，老師還提出三項施行措施：一、防止軍中流氓霸佔軍中妓女；二、爲衛生起見，設置辦完事後的休息室，以免吹風得病；三、軍官和士兵分開。

五、六十年代的官兵，常常津津樂道、回味無窮的就是「軍中樂園」；由於「軍中樂園」聲名大噪，連彼岸的蛙人也妄想上岸樂一樂，發生遭軍妓驚覺示警逮捕的趣事。「軍中樂園」後來因名字不妥，改成電話號碼「八三一」。

老師飽讀古書，並以古書啓迪後學智慧，所以一再提醒弟子讀古書，不是讀死人的書，而是讀古人的智慧，從政之道，要能行能用，能知人性知民心，言人所不知，行人所不能。

我們雖聽過老師當年在雪地上練兵，天寒地凍，座上馬撐不住，老師將身上大衣解下覆蓋在馬上的豪情壯志。但對老師如何領兵仍一無所知。我們或許從老師倡議設立「軍中樂園」，可以忖摩老師的治軍爲政之道，也讓我們了解老師的「通志」和「實學」。

張其昀後來創辦中國文化學院（今中國文化大學），請老師幫忙監工。成舍我創辦世界新專，包德明創辦銘傳商專，老師本想辦哲學研究所，老蔣有意撥錢，老師卻拒絕，表示要辦學校就自己設法辦。

老師後來曾開玩笑說：「大丈夫不可一日無權，當初應該讓老蔣給我當小學校長，可以指揮工友。」

稱讚老師有學問的知名人士，除了胡適，還有老師的舊識于斌。

于斌在南京不只是天主教南京總主教，還是民國三十七年，第一屆國民制憲代表大會主席。民國四十三年，于斌從美國搭機到臺灣，參加國民大會，並與蔣中正總統共商國事。民國四十八年，于斌籌備輔仁大學在臺灣的復校工作，被教宗任命爲首任校長。

老師從臺東搬到臺北，于斌也定居臺北，兩個東北人在臺灣又意外重逢，特別有話說。

民國五十六年，樞機主教田耕莘逝世，五十八年三月二十八日，教宗保祿六世任命于斌繼任爲樞機主教，于樞機請老師吃飯。老師見于樞機心情不錯，有意捉弄，向年紀已過六十的于樞機感嘆說：「樞機，張漢卿（張學良）嘗稱你是『人中之龍』，可惜啊，這條龍美中不足！」

「人中之龍還有什麼美中不足？」于斌訝問道。

「缺龍種，沒有龍子龍孫！」老師嘿然道。

「還有什麼其他的美中不足？」于斌要老師轉個話題。

「孔子說友直、友諒、友多聞——我就直說了，你就寬諒些。樞機，你的紅袍是先民的血染紅的！」

老師對西方列強侵略中國，每藉教難殺人，中國人死傷無數，耿耿於懷，所以對身穿鮮紅袍服的于樞機語重心長說。

于斌臉色微紅說：「毓老有學問，吃飯！吃飯！」（于樞機於民國六十七年赴羅馬參加教宗保祿六世之喪，並選新教宗，不幸於八月十六日早餐後，因心臟病突發猝死。遺體運回臺灣輔仁大學，安葬於于公陵園，老師生前每年都會前去憑弔）

老師對西方之學並不排斥，他還從西方文化中汲取新知。民國四十二年五月四日，老師在小札上寫著：「羅斯福說：天下最可愛的事，莫過于勇敢到底的奮鬥。」

老師一九八九年五月二日零時二十分看聖經，有如下筆錄：「懺悔只有一次，上帝賜福給不二過的人。你的所作所為合乎天意，自然蒙福，沒有任何人可以替你代禱，更沒人能替上帝赦免一個人的罪和祝福給你，所以必須自求多福。」

老師初到臺北，租屋在南港洲尾（今內湖週美）一處竹林掩映的四合院農家。由饒河街尾的慈祐宮附近，搭乘基隆河邊的小渡頭木船前往，每次渡船費一、二毛錢。老師就在洲尾村，教洋博士弟子。

老師在六十歲後蓄鬍子，許多小孩子常攀圍牆爭看長鬍鬚、穿著奇特的老公公。

老師的字畫成就不凡，老師曾教洋博士弟子席文的太太書法，指示從趙孟頫的風格入手。「以夏學奧質，尋拯世真文」的條幅，就可見老師深厚的書法功力。

老師所繪的圖如懸在課堂中的努爾哈赤像和「靈山法會」、康太老師的「講經圖」都有極深造境。

老師遭看管在南京，認識于右任。當時南京發生通貨膨脹，要拿黃金換金元券，老師被授命要去換，于右任也去換。于右任來臺灣後，當監察院長，老師和于右任常有往來，于右任送老師一本著作「牧羊兒的自述」，他所題的「自牧齋」送給老師，懸掛在老師的書房。

老師到臺北後，常到新生南路一家畫室走走。畫室主人向老師請教國畫，有一天，畫室主人請老師題詞，老師題的詞是「殘翁無顏面蒼生，留取身影俟史評。」

老師在畫作上的題字，令人驚豔折服，像偶題竹梅，改了鄭板橋聯句「虛心竹有低頭葉」、「傲骨梅無仰面花」為「虛心竹有垂頭葉」、「傲世梅無仰面花」，更見意境。

老師的字體有多種，有唐楷體、魏碑體，還有風神彷如溥心畬的字體。溥儒字心畬，以「中國文人畫最後一筆」馳名於世，和張大千之兄張善孖齊名，有「南張北溥」之譽。老師和溥心畬同為宗室，老師尊稱溥儒「溥二爺」。

老師常談溥儒的故事。溥儒字「心畬」，老師解釋說「畬」是熟田，「心畬」之意即為「心是良田百世耕」。溥儒留學西德，取得天文、生物雙博士學位，歸國後就居西山，成為大書畫家，畫作常署名「心畬」或「西山逸士」，最好的畫作落款章是「羲皇上人」、「天下一腐儒」。「山高水長」則是閒章，蓋在適宜角落。

老師提過溥心畬的畫為什麼那麼出色呢？

溥心畬二十二歲從德國拿到雙博士學位回中國，滿心歡喜。他的母親問他：「二十二歲拿到雙博士是不是唯一的？」溥心畬回說：「不是。」他的母親告訴他要做天下第一人。溥心畬於是在西山練字練畫。十年下來，一出筆，就是天下第一人。

溥儒常叫弟子慢慢磨墨，其實是訓練弟子懸腕工夫。

溥儒的字常斜出，有些弟子看老師寫字，會叫「字斜了！」溥儒說：「我叫你看字，不是看直不直！」

溥儒曾送老師一幅字，「知足常樂」；老師初到臺灣，難免有些牢騷，修養工夫極佳的溥儒特別寫了這四個字。

溥儒有一陣子喜歡上北投洗溫泉。有一次洗好溫泉後，溥儒叫來老闆，吩咐備紙筆，寫了幾個字後揚長而去。老闆十分訝異，問人這個署名「心畬」兩字的人何許人也，那人識貨驚呼「名人，字值錢」。老闆於是準備好紙筆，天天巴望溥心畬到來。溥心畬一到，熱情款待，待溥儒洗好溫泉澡，寫下幾個字，收集了不少溥心畬的好字。

溥心畬往生，弟子穿白，腰繫帶，男左女右，遵循古禮送終。

溥心畬臨終前，指示老師代他完成二項遺願。

一是元配的墓碑，陽面要鐫刻他的字，陰面要刻元配所繪扇面圖。元配的畫工十分精細，老師遍尋臺灣匠工，竟然沒工匠有功力鐫刻，這是老師一大憾事。

溥心畬逃難時，抱著一隻北京狗。溥心畬過世前的另一遺願，就是要老師代他好好養那條北京狗，那條北京狗好狗命，活了二十五歲，在睡覺中死亡。

溥心畬的墓在北投，老師曾帶弟子到北投看「寒玉堂」的墓。老師解釋：「寒玉堂」是溥心畬的齋名，就是守身如玉，有冰清玉潔的意思。

七、今村繼成華夏

一九六六年（民國五十五年），中國發生一件舉世震驚的大事，「文化大革命」。

「文化大革命」由青少年紅衛兵領軍，批孔揚秦，破壞四舊，文物古蹟慘遭毀損，中國傳統忠孝倫常蕩然，以「四人幫」爲首之徒高倡造反有理，批父母，鬥老師，將中華文化作翻天覆地的大變革。

離家已二十年的老師，憂心太師母和妻兒的安全，自愧沒當好兒子、好丈夫、好父親的老師，思緒也從二十年來遙想的長白山收回，注視臺灣這塊土地上，立志奉行太師母的叮嚀，做個好人，做個好好作育英才的好人。

恢復祖業之夢已遠，繼往聖絕學之心勃然生焉。

老師是滿族旗人，中國人所謂的夷狄，但他從小所學的是中華文化，老師認爲文化是人類文明所留下來的公共遺產，爲人類所公用，沒有地域、國族區別，中華文化不爲中國私有，而是世界人類所共有，能用才有所有權，老師決心不涉足臺灣政壇，亦得在文化上有貢獻。

教授洋博士弟子，老師收的束脩是美金，當時洋博士來臺學中華文化，都有豐裕的獎學金，美金在臺灣一元兌換四十幾元，十分好用，但老師思索，中華文化要能生根，必須培植臺灣人。一九五八年，老師登了一個小廣告，招收學生，講授論語，結果來了一個初中生謝深仁君。兩個月後，謝深仁帶來了一個高中生黃大炯君，老師就藉畫室走廊講論語。黃大炯師兄後來考進臺大歷史系，仍向老師問學，可說是老師在臺灣所收的首名大學生弟子。

剛到臺北，老師神情不甚開朗，面頰略顯削瘦，向洋博士弟子講課時，老師還抽竹桿煙。煙桿約一尺半，嵌著碧玉煙嘴，煙草放在小巧的煙盒，慢悠悠地吞雲吐霧，古代的高人雅士大概不過如此。

老師煙癮越來越大，有時也抽雪茄，抽煙時手中不時撥弄一串佛珠。

老師在六十歲，夏曆元月十六日太師母生日那天戒煙，老師自言戒煙有兩個理由，一是「身體髮膚受之父母，不敢毀傷，孝之始也」，抽煙傷身是不孝，所以選擇太師母生日那天戒煙，以示不忘人子責任；二是在松山火車站等車，見一老人低頭彎腰撿煙屁股，不免感慨，決定趁有錢買煙時戒了。

老師搖頭笑說，當初學抽煙，到處有人送煙，煙癮大了，沒有人送煙，煙之害，對老師而言，有深一層感受。

老師初授課洋弟子，還未蓄鬍，但在中國文化學院當哲學系主任，已是一綹漂亮黑鬍子，蓄鬍可能也和六十歲戒煙同時期。老師很寶貝自己的鬍子，曾經輕撫自己的鬍子說：「張大千啊，就是那一把鬍子美啊！」

老師住在洲尾時，常穿杏黃上衣，黑色寬闊長褲，手搖一把羽扇，足登黑色布履。有一天，老師手持鐵杖與洋弟子出遊，其中有女弟子，一群少年騎腳踏車前後往復，呼嘯嘻戲，猖狂無狀，老師手中鐵杖突然一伸，插進靠近身旁的一輛腳踏車鏈條，腳踏車翻覆，鏈條脫落崩散，那跌落少年一見老師不怒而威，左手腕還纏了一圈布，好像監獄老大的手銬腳鐐都纏了一圈布，防止磨擦疼痛，不曉老師手腕套的是玉鐲，纏布保護。誤以為老師是黑社會老大，推著腳踏車落荒而逃。

老師搬離洲尾村到四維路，不是自己的選擇。

老師從大陸到臺灣，隨身帶一大箱東西，但沒有金銀財寶可變賣，手頭有些拮据。老師在臺東農校，薪水不多，買些生活用品和支付三餐開銷，所剩無幾。一到臺北，就租用較便宜的房舍。

洲尾村和松山之間，隔著基隆河，如果經過上游或下游的吊橋往來，得花費四、五十分鐘。民間有人划船幫人渡河，要渡費一、二毛錢，老師大部分回洲尾村住處，都搭船。

交通不便，雖是兩層樓建築，房租仍十分便宜。老師閉門讀書，開門教洋弟子，生活儉樸。有一天，外交部人員來拜訪老師，呈上一份公文，日本首相岸信介領了幾名國會議員，將來臺灣訪問，希望能拜會老師。

外交人員來看老師，評估老師住處不宜接待日本首相岸信介，於是幫老師在四維路安排一處小洋房。

徐泓師兄見過外交部的信函。

民國五十幾年，岸信介首相訪問臺灣，是臺灣大事。岸信介何以特別點名希望拜會老師，他和老師又交換了什麼意見，老師事後從未提起，這豈非既神秘又傳奇？

老師不便拒絕會見岸信介的政府安排，但見過岸信介不久，自己就在不遠處的臥龍街租屋。

老師在大專院校講學，始於銘傳商專，但時間不久。老師說：「銘傳商專創校人包德明，是老朋友，先生在銘傳管理總務，精打細算。這老太婆有一天請吃館子，自己來請，我能不去嗎？飯還沒吃完，發了兼任教師的聘書，吃人嘴軟，我能不接嗎？」

老師真正的大學任教，始於中國文化學院。

中國文化學院創辦人張其昀，從教育部長退職後，開始籌辦學校。（蔣經國時代，李煥從教育部長退下後，去高雄籌辦中山大學，蔣家父子用人方式有些相同）

張其昀原本要辦的學校是「東方學院」，蔣老先生問：「你這學校是辦什麼的啊？」張其昀答道：「講中國文化。」蔣老先生說：「那就叫中國文化學院不就得了？還辦什麼東方學院？」張其昀興沖沖告訴老師：「同門，同門，我得到御賜了！學校就叫『中國文化學院』。」

一九六七年十月，老師以「劉毓鋆」之名，在中國文化學院開始啓迪臺灣的大學生，但剛開課授徒，卻得到溥儀因罹患腎癌，於十月十七日病逝的惡耗。

溥儀十七歲的大婚轟轟烈烈。

溥儀六十歲的大葬簡簡單單。

溥儀沒有如有清歷代帝王葬在皇陵，而是火葬，骨灰安放於北京八寶山英雄公墓側室。（周恩來後來指示移放正室，後又移葬華龍皇家陵園）

復國之夢已遠，伴讀情誼恍惚目前。溥儀無子嗣，蕩蕩遊魂，何處留存。

君臣之義不可廢也，老師設靈堂供奉溥儀，臂袖縫黑紗上課，追悼溥儀。

臺灣當時教育十分不正常，許多未隨政府到臺灣的學者專家都被列爲「附匪分子」，所寫的書是禁書，不准流通發行，像馮友蘭的「中國哲學史」，成書年代甚久，但因馮友蘭未到臺灣，馮著「中國哲學史」不能公開流通，但許多大學都用馮友蘭的書，只能暗中購買，有些印行的出版商還遭警總約談、調查、拘禁。

近代儒學思想最具開創性的大哲學家熊十力，生於一八八五年，他的「讀經示要」於一九四五年十二月出版，也不可避免地成爲臺灣當時的禁書之一，但老師卻公然講熊學，提供書商印行「讀經示要」。第一天第一堂課就從「讀經示要」卷三「略說六經大義」教起，「世事孔艱，余心已亂。本講不及求詳，但於六經，略爲提要而已。」

老師解釋「世事孔艱」。孔者，甚也，熊十力撰寫此書，世局不穩，諸事難行，前景甚爲艱困，頗有動乎險中之嘆。熊先生自言「余心已亂」，仍強作六經提要。老師彼時心境，應和熊先生相契吧！

孟子滕文公下有「富貴不能淫，貧賤不能移，威武不能屈，此之謂大丈夫」；老師在滿清、滿洲國是富貴時，在臺灣隱居是貧賤時，在老蔣時代是威武時，老師不淫、不移、不屈，而熊先生晚年也遭批鬥。

老師的恩師都是當時俊彥鴻儒，像陳寶琛、羅振玉、王國維、鄭孝胥、葉玉麟、柯劭忞、康有爲等人都是當代名師。

不過，老師認爲有些太老師雖有家法，但沒切中事理要點；熊十力先生雖沒有家法，卻識見深邃綿密，直指學問核心。爲學不能固守師承師說，照著走，而要接著往前走。

老師熟背經子，一貫講學，一字一乾坤，一句一世界。老師循循善誘，所說的故事、笑話，更令學子們聞之難忘、津津樂道；老師雖未見過熊夫子，但聽說熊夫子脾氣古怪的種種趣事：「熊先生吃東西與眾不同，桌上有魚、有肉、有菜，他不是吃一塊魚和著一塊肉或一些菜，而是先吃完一條魚，再吃整塊肉，或者整盤菜」；「熊先生好吃花生，但不知節制，學生送來一大包，他吃到腹脹肚痛，罵送花生學生王八蛋」；「熊先生喜歡作注，寫信也常加注，有一次書給某人，不滿連續幾天霪雨，加注『狗王八天』。」

隔年下半學期，老師兼了哲學系系主任，多了一些行政工作。老師在中國文化學院開的課是「四書」、「易經研究」、「學庸研究」、「陸王哲學」，老師上課時，大一到大四同學聚集一堂聽課。

老師當系主任，有個學生在校打牌被逮個正著，校方擬開除，老師反對，堅持教育要給受教者機會，只要不貳過。這個學生從此不打牌。

老師到華岡中國文化學院哲學系任教，整個哲學系學風爲之丕變。民國五、六十年間，臺灣經濟不振，學子讀大學都是考慮未來謀職問題，如何爲他人所用，老師卻立人文大本，勉弟子修德成才，求爲自己可用之才。中國文化學院哲學系學生和其他學校的哲學系相同，大一下學期，新生紛紛轉系。哲學系的五十六學年班，僅剩十八人（哲學系通訊錄是十九人，畢業生集體合照是十七人），老師當系主任，五十七學年班三十三人，大二升大三很少轉出。

當年哲二的李濟捷師兄樂道老師的風采。穿長袍的老師搭計程車上華岡，李濟捷恭候老師下車，老師不回頭、不旁顧，昂然闊步。一進系閱覽室，就是一整天。老師不上課時，同學至閱覽室聽老師開示，穿梭不絕。

老師到中國文化學院教書時，當時一些老師都到後來的革命實踐研究院吃中午免費飯。老師不願吃，自己常從山下帶麵包上山。沒帶麵包就叫學生李濟捷買午餐，不是水餃配酸辣湯，就是小籠包配蛋花湯。

師兄陳文昌低李濟捷師兄一屆，他提出十點，追憶老師：

一，打開經典奧義，引領全系同學走進中國文化殿堂；二，哲學系同學從此凝聚一堂，讀書風氣為之大振；三，建立同學信心，帶來希望，大一新生轉學轉系銳減，報考碩士班人數遞增；四，鼓勵同學加強外語能力，培養宏觀與遠見；五，重視依經解經；六，鼓勵同學到臺大、師大聽課；七，推崇聖哲甘地，把欲望降到零度以下；八，學宗熊十力；九，講求實用之學，闡明「時之義，大矣哉」；十，鼓勵不盤腿的儒家式靜坐。

哲學系第二屆畢業生有林義正師兄、鐘友聯師兄等人，鐘友聯師兄曾在臺大哲學系開過墨子的課，我修了鐘老師的課；林義正師兄後來擔任臺大哲學系主任。「天德黌舍」在臥龍街正式對外招生，陳文昌師兄和林義正師兄兩人先後住在「天德黌舍」，幫老師看家，陳文昌師兄幫我開啓進入「天德黌舍」的窄門。

民國五、六十年間，老師對大陸政局有些悲觀。切磋以德、琢磨以道的老師特別重視臺灣這塊土地的孩子，常語重心長說：「真希望臺灣真好，大家真的好好努力，保存一點中華文化，你們要是不行，中國又得再等五十年，甚至一百年，我爲子孫憂。儒家真精神不在留戀，而在乎承啓，接著往下幹！」

老師當哲學系主任時，創辦人張其昀突然決定籌辦「世界華學會議」，老師是哲學系系主任，理當籌備人，不過，老師認爲「華」是形容詞，不可當名詞，日本人把中國之學稱「華學」，中國人要正本清源，中國之學是「夏學」，而非「華學」，拒絕接辦。校方只好改請他人，但仍要老師在會議中作「公羊春秋」研究報告，老師還是未出席。

老師一開課，就聲名大噪，臺灣大學哲學系主任洪耀勳留日，對老師十分尊崇，口頭禮聘老師到臺大哲學系開課，老師接受，但學期開始前，系主任換人，老師和臺大哲學系無師生之緣。（**老師作古，總統褒揚令記載老師「任教國立臺灣大學」，有誤**）

中國文化學院任教一年多，老師便離開了。

民國六十年下半年，老師在臥龍街的住處成立「天德黌舍」，向外公開招收大學程度以上弟子，講授經學。

老師的「天德黌舍」開班不久，各大學文學院，尤其有哲學系所的學校，聘書不斷，老師盛情難卻，六十一年應輔仁大學哲學研究所所長錢志純之邀（**老師和輔大校長于斌是好友，但老師到輔大教書，並非于斌邀請。輔大哲學研究所在民國六十年招收首屆博士班，錄取博士生一名趙玲玲，趙學姐也到黌舍上課，研究所所長錢志純專程請老師開課，我在輔大讀過哲一，錢所長待我如子，錢所長禮聘老師，我在現場**），到新莊輔大哲學研究所開課，從臥龍街搭計程車前往上墨子。有一天，計程車緊急剎車，撞到老師額頭，痛了好幾天，老師在輔大只教授一學期。

老師也接受政大哲學系系主任趙雅博之約，在六十一年到政大哲學系開了一學期的課，用最大的教室，學生太多，擠滿了教室。聽說有政大政治系教授，領學生來上課，說：「等毓老師講完了，我們再講。」老師去政大，有一說法是老蔣開的口：「到我們的學校教書吧！」老師上課前，學校派車來接，由於老師批評時政，老蔣聽到不高興，不再派車，也就結束了政大的課，但哲學系學生懷念老師，哲學會邀老師演講，老師以「素以三事自惕（不為文、不演講、不寫碑銘序跋）」而婉拒。

老師在輔大和政大哲學系都只教了短短一學期。難免引起忖測，說是老師縱論時事，抨擊人物，得到學生共鳴支持，也引起當局不悅。我倒有一個不同看法，老師教學名字「劉毓鋆」，和身分證名字不同，老師學歷又只有北京清華大學國學院旁聽生，有些大學辦事員在老師學歷上作文章，難免閒言閒語，曾爲王爺之尊的老師何苦看人臉色，不如早些退出大專校園。

大學任教經驗，老師深深感觸，書要天天接觸，天天讀，才能走出一個路子，今天讀明天不讀，雜草又長回來了。就像熊瞎子打包米（採包穀），大熊看見一個採一個，採了挾在脅下，到最後脅下還是一個，所以決定自己設私塾，天天教弟子讀經，才能培養一批經世致用弟子，而人才化成有賴人文薈萃的環境，老師於是籌思成立中華文化實驗區，取名「華夏學苑」。

老師跟臺灣一些名學者研商，這些學者包括張其昀、錢穆、方東美、屈萬里、熊式一等人，成立了「華夏學苑籌備委員會」。

老師的「華夏學苑」涵意甚深。老師說：「華是動詞，華夏者，華此夏也。華也是形容詞，華夏者，夏之華也；苑者，道併行而不悖，萬物並育而不害，遠近大小若一。中國古稱中夏，其欲華者夏也。」

世路難行錢爲馬。老師離開禮王府時，在有限的行李空間，小心保護三件祖傳寶物，一件是石濤的長卷，兩件是南宋陶器。石濤長卷全長可繞十多坪地方一周，陶器又比磁器值錢。眾人推舉一位人際關係嫻熟的知名人士，委託將寶物求善賈而沽出，這人帶走時立了字據，並由有德望三人簽字見證。

老師並命弟子周義雄集王羲之字，作了一塊浮雕匾額，「華夏華苑」四字旁有六條龍，寓「時乘六龍以御天」之意。

老師還給「學苑」作了一副對聯：

學由不遷怒不貳過，臻聖王之德。

苑毓仁者相帝者師，履一平要道。（「菀」通「苑」，「毓」通「育」）

可惜的是，三件寶物送出去後，帶貨的人未回報佳音，打探結果，落入一個有權勢之人手中，老師並未說出此人究竟是何等人物，但老師說這人拿了這三件寶物，大概自認欠老師一個情，才放老師一馬。

三件寶物可以辦學，卻遭權勢人物從中劫去，敢動手腳的當時權貴屈指可數，老師的鬱悶悲憤不言可喻，但老師始終未將名字說出，我們只能從「放老師一馬」的感慨推敲。

老師曾有一陣子，將那張字據上的名字隱去，裝框掛在黌舍，以示痛心。東西可失，但志氣不能喪失，孟子說「士尚志」，老師自惕不能「士喪志」。時代無正義，老師仍決定在一九七一年（民國六十年）招收臺灣的大學生讀經。

老師開設「天德黌舍」前，曾考慮開山門講佛經。來臺佛界高僧，較早成名的是慈航、印順、廣欽、道安和尚。老師跟慈航、印順法師，儒釋交融，時有往來。

慈航喜歡說笑話，善施捨，寺中沒有隔夜東西，有信徒贈衣和送食，慈航一次分完，持金錢戒的慈航曾向老師坦白說：「好幾次差點就犯了戒！」慈航法師於民國四十三年歸西，「慈航中學」在四十九年成立。

老師曾和「湖南王」趙恆惕一同聽慈航法師講法。兩腳跑得快，跑到臺灣沒被毛澤東槍斃的趙恆惕，曾告訴老師說，當年毛澤東曾在湖南搞運動被他抓到，趙恆惕打了毛澤東一巴掌，叫他回家好好讀書，不要出來鬧事，並放了他。趙又說：當時若一槍斃了，今天一切都不同了。老師不只見過廣西王「李宗仁」，「湖南王」趙恆惕，也見過「山西王」閻錫山，認爲閻錫山最會玩權術。老師有一段時間常到陽明山看閻錫山的墓。

近百歲才往生的李子寬長老，跟隨國父孫中山先生革命，隨同國父到臺灣，並且奉孫先生之命，留在臺灣。治經濟學的李子寬長老向太虛大師學佛。日本投降，李子寬接收臺北市忠孝東路的善導寺（原名般若寺）。政府在士林總統官邸管制區的後山，建了幾間綠色平房，其中一室置有大藏經，供李子寬長老修行（李子寬本名「李基鴻」，李長老著有「百年一夢記」，其曾孫女李慧霞是我的家教學生，我在善導寺面見李長老，李長老送我一套「太虛全書」），李子寬長老後來請印順法師當善導寺住持。

老師認爲「心經」與「大悲咒」同一重要，爲佛經的眾經之膽，與中庸爲易經之膽類同。

「心經」一開始是「觀自在菩薩，行深般若波羅蜜多時，照見五蘊皆空，度一切苦厄」。老師說：「觀」，察也，「觀自在菩薩」是誰能察己之性而達自在境界，就是菩薩。這就是「自覺」。曾子說「吾日三省吾身」，即察自在。

「觀世音菩薩」是察世間之音，聞聲救苦，這是「覺人」境界。

「菩薩」即要「自覺覺人」，但仍有未足，必須「行深般若蜜多」。儒家重踐履工夫，要「篤行」，「心經」也談行。「般若波羅蜜多」即妙智慧。空有妙智慧不行，必須「行深」，有覺有行，覺行圓滿，即爲佛的境界。佛法和儒學一點都不神秘，宗教的經文都是人寫的，釋迦牟尼佛也結婚生子，化緣是化到什麼就吃什麼，那有吃齋之說。

老師認爲儒釋同源，曾改寫了兩佛寺的對子，比原對子境界高不少。

其一：

法雨大屯大慈大悲稱大士
山現觀音觀天觀地亦觀人
安仁居士敬書

（淡水龍山寺有副對聯：
龍發大屯大慈大悲稱大士
山像觀音觀天觀地亦觀人）

其二

音亦可觀始信聰明難與並
佛何稱士乃知儒釋有同源
長白毓鋆敬書

（燕子磯有副對聯：
音亦可觀方信聰明無二用
佛何稱士須知儒釋有同源）

老師心想，若是開山門講佛經，既可報母恩，蔣老先生也不會有意見。

不作法事的印順法師，也不語怪力亂神，自言「在人間成熟，不在天上成佛」，並說佛教破除迷信，但對有人勸老師開山門講佛經卻向老師笑道：「聽你講佛經，可能沒有人出家，你只能自己看廟了！」

老師於是租了臥龍街一棟二層樓的白色獨棟洋房，開始以中國傳統私塾規距講經，但講的是中國的四書五經，而非佛經。

「天德黌舍」正式開班那年，正逢遜國一甲子，老師寫下了「長白又一村」，並裱裝成框，高懸講席正後方。

「長白又一村」容易被作浮面解讀。這五字其實有故實、有淵源、有傳承。

老師爲什麼手書「長白又一村」？因爲先有「長白一村」，才有又一村。長白山是滿族龍興之地的象徵。清太祖努爾哈赤奠定了長白一村，是政治上的偉業，老師將繼成華夏天下，以文化來繼成先祖志業，所以是「長白又一村」。

「長白一村」不能落空，成就千古一帝康熙的孝莊皇后，被尊稱爲「長白第一村」的村長。

滿洲國結束後，太師母希望知道老師往後打算，請師母側面詢問，老師寫「長白又一村」作覆。

老師鑑於五四之後中國文化受害太深，二戰結束，第一要義就是復興華夏文化、復興天下爲公的中國文化，老師認爲華夏文化，就是天下文化。

太師母即因老師志願於此，於是成爲「長白第二村」的村長。

老師收徒講經，就是要爲「長白第二村」盡力，全心傳承長白第一村、長白第二村，乃至長白無數村，一個村有一個村的作用，這樣活著才有價值，才有意義，於是在花甲之年手書「長白又一村」，懸於課堂中。表明前一村奠定中華，又一村將開中國文化另一新世界，也就是今村繼成華夏天下。

一九九八年，老師在一小紙上寫了三段字，「用心政治而不參與政治，永爲良知明燈」、「九八，端午晚，學生相會後出，立誓：繼成華夏天下，長白又一村」、「先朝奠定中華、今村繼成華夏。」

爲全心培育臺灣弟子，老師減少招收洋弟子。洋弟子拿的束脩是美金，老師收入較多。老師曾笑說，溥儀皇帝賜的「鋆」字，就是美金（美好之金），他命中注定要賺美金。老師考慮臺灣當時的大學生都很窮，束脩僅收象徵性，在學大學生每月一百元，碩士生一百五十元，博士生二百元，老師認爲僑生窮困，只收一元，義子說雙數較好，故僑生收二元的象徵性束脩。初開班約四十名弟子，一個月收入大約五千元。

孤身一人，老師三餐又儉省，但房租和購買傢俱等必要開銷不少，只靠微薄束脩，顯然不足。

老師將賈似道的小幅字，以五千元賣出。

賈似道的小字售出，不是因爲賈似道亡了宋朝，人品太差，而是老師倉促間離開禮王府，是遭軟禁，不是搬家，要搭飛機到遠地，不可能帶太多隨身物。

老師所帶木箱雖大，只是幾件長袍馬褂和日用雜物就佔了一大角落，而所帶的三件傳家寶，兩件是陶器，不讓破損，層層包裹，又佔了一角地方，能容下空間，就只有幾件小東西，變現有限。

老師沒有教洋博士前，手頭不寬，張其昀任職中央黨部秘書長時，有意透過革命實踐研究院資助老師每月五千元，老師以「無功不受祿」回絕。

由於向學慕道弟子越來越多，老師除了第一班在週六、日上課外，又在週一至週五的夜間開班，由晚上七點至九點兩小時。

老師私塾講學，曾說是有感於日本福澤諭吉創立「慶應義塾」，進而影響「明治維新」的治學興國經驗，其實老師的「天德黌舍」是仿效太祖努爾哈赤創立「啓運書院」。努爾哈赤聘請了浙江紹興人龔正陸及漢人教師方孝忠、陳國用、陳忠等人，教導他的子侄讀書，清太宗皇太極、攝政王多爾袞及清初諸多政治家、軍事家都是啓運書院培養出來的。臺灣當時仍是戒嚴時期，禁止集會、結社自由，各類社團只限一個，由國民黨社工會控制。講學則限於宗教講經，老師的「天德黌舍」講學不是結社，但比結社更敏感。

老師得以創立「天德黌舍」，以私塾形式講學，突破當年的禁忌，可能不只是張其昀幫了忙，而是三件寶物換得講學的機會。

老師到六、七十歲開門講經書，竟然還有調查員監聽，有時上課，怒火中燒，直呼「老蔣」、「小蔣」，還坦言說：「我就是不怕被槍斃！想槍斃我的人，叫人槍斃了！」

民國五十八年，聯合國代表權失去後，蔣家政權的思想控制更趨嚴峻，校園思想強力壓抑，臺大哲學系主導的社團「大學論壇社」主辦的一場座談會，成了整肅臺大哲學系教師的導火線。老師直批蔣家父子，雖有張其昀緩頰，但蔣家父子真能坐視老師的直言嗎？

聽說，美麗島事件發生，某人曾到黌舍聽過課，調查人員來看老師，問老師有沒有跟某某人說話。老師說：「有啊，說很多！」那調查人員神色一緊，接問：「說什麼？」老師說：「我教論語，他就問論語，我教易經就問易經。每次進門，還會問安。」

有個警員查戶口，問老師：「太太怎麼不來呢？」老師冷哼道：「跟毛澤東跑了！」警察有些官僚，威脅老師說：「這是妨害公務！」老師不悅道：「再嚕嗦，打出去！」警員主管得悉，趕來向老師道歉。

在天德黌舍開班前，日本方面來了人，有人爲老師成立了基金會，只要老師能到日本，就有一筆爲數可觀的款項，供老師使用，但老師不爲所動。

老師解讀「賢哉，回也！一簞食，一瓢飲，在陋巷，人不堪其憂，回也不改其樂」（雍也篇）說：顏回何以能樂，因爲能樂天之道，天道行健，君子以自彊不息，不息就能知命，故易繫辭傳曰「樂天知命故不憂」。老師同樣在陋巷而不憂。

老師堅持讀古書不是讀死書，要活用，「華夏學苑」不能如願創立，老師決定縮小規模，先辦書院。

老師所收弟子中，有些後來成了電子新貴，像溫世仁拍著胸脯向老師說：「經營中國大西北交給我，大東北就請老師負責！」但老師仍決心以臺灣爲基地，在苗栗覓得一塊約三十甲的農牧地，做爲書院用，將山名定爲「乾元山」。

古代太學是公學，不能私人講學，五代、宋代私人講學興盛，帶動了社會風氣。人有人格，國有國格，書院造就人格。中國大書院都在南方，北方沒有大型書院。傳統太學、書院都是左廟右學。老師規劃先建「人祖羲皇廟」，做了一塊黑底浮雕金字匾額，並命弟子周義雄（**周義雄師兄拜雕塑大師楊英風為師**），仿北方建築式樣，畫一幅透視圖。

周義雄師兄從平面規劃起，先定主殿廳堂、中軸線，依次前殿、後殿、左右廂房、鐘鼓樓、神道、華表、牌樓、泮池，並設計了山水花木造景，每座建築皆命名，庭園栽種千歲柏、萬年松。

老師認爲畫八卦的伏羲是「人祖元聖」，「人祖」是人文初祖、人文始祖，易經第一卦乾卦卦辭「元亨利貞」，以元爲眾善之長。「元」是生生之源，萬物有元才能大生、廣生，伏羲因而被尊爲「元聖」。

有元才能化生，太極生兩儀，道生一、一生二，元是體，一是用，中國的體用之道就是元一之道，元一以爲質。

易經是生生之元，春秋改一爲元，有生生不息之意，王者繼天奉元，養成萬物，奉元即行元，易經體元爲體，春秋奉元爲用。老師傳易經、公羊春秋，所以將書院命名爲「奉元書院」，老師在紙片上寫下「奉元」者，「奉元復性，慈孝貞德」，並伸言「蒙以養正聖功也。正者，止於至善也，即奉元以治天下，以行人事，天下之能事備矣、盡矣！」

老師正告弟子奉元五德：慈、孝、友、恭、信，並定下「奉元書院」的院訓：

秉大至之要道
行禮運之至德
勝殘去殺
天下歸仁
中心安仁
天下一人

「奉元書院」院訓用字平易，卻是老師一生爲學的最高境界，有以我華夏的弘道偉願，非一貫五經和四書者所能了悟：老師之學在大易春秋，易乾卦象傳說，「大哉乾元」，坤卦象傳說「至哉坤元」，「秉大至之要道」即秉持乾元大生、坤元廣生之道；禮運大同篇說：「大道之行也，天下爲公」，「行禮運之至德」即行天下爲公之大道；「勝殘去殺」出自論語子路篇子曰：「善人爲邦百年，亦可以勝殘去殺矣」，孟子亦有「不嗜殺人者能一之」的說法，「勝殘去殺」是天下一統的爲政要領；論語顏淵子曰：「克己復禮爲仁。一日克己復禮，天下歸仁焉」，天下能歸仁，自己必先克己復禮；「中心安仁」則顛沛必於是，造次必於是，老師自號「安仁居士」；「天下一人」是把天下當一個人，民吾同胞，物吾與也，也就是仁者無敵，仁者沒有敵人，視天下人爲一人。簡言之，老師決定用自己的「大學」，教育學生學大、學大人之學，栽培大人物，創造大氣象、大功業、大格局。

老師還命弟子了解在乾元山設立書院，應該申辦的程序。

不過，進行並不順利，「奉元書院」無法如願興建，而老師在臺北授課處，因爲是租用的，租期一到就要尋覓新址搬遷，老師在臺北先後住過四維路、臥龍街、新店寶元路、耕莘文教院附近等處，十分不方便，決定購屋講學。民國六十八年，老師看了幾個房子，認爲溫州街某棟大廈的一樓房子有個地下室，方便上課，又離臺灣大學不遠，決定買下，但是現金不夠，老師還向一家合作社貸款一百萬，一年多才還清。

溫州街的地下室就暫且成了「奉元書院」，老師的大講桌，上面鋪了黃皮塑膠厚布，桌前置筆架、書籍數本，以及一個保溫杯；桌後有一張太師椅，椅後有一方黑板，西側懸一付對聯：「以夏學奧質，尋拯世真文。」一批批弟子坐在長條窄幅桌後，三、四人共一長桌，教室空間能容納近百人。巔峰時期，曾有二百五十人擁進，每人僅坐一小圓鐵板凳，擁擠異常，弟子在夏天個個熱汗直流，屏氣凝神安靜聽課，樂此不疲。

週一至週六的晚上七點一到，教室後頭通往一樓住家的樓梯間傳來咿啊聲，鐵門旋開，啓發弟子智慧的老師經年身著長袍，頭戴瓜皮帽，配一黑色膠框眼鏡，足蹬布鞋，踏階而下，弟子自動起立鞠躬致敬，待老師揮手示意「坐！坐！」弟子坐下後，兩個鐘頭的教學開始了。

「勉勵你們，不光是爲你們謀，還要爲你們的子孫謀；要爭永恆，不要爭眼前。我到現在，沒有一天不關心臺灣。我住在臺灣幾十年，能說我不是臺灣人？」老師如是說。

老師的上課課表從週一至週六，由晚上七點至九點。週一四子書，週二大易，週三詩書禮，週四大易，週五春秋，週六子書。

老師授子書，包括老子、莊子、荀子、韓非子、孫子、管子，並涉及資治通鑑和人物誌。

就這樣，一天接一天，一年過一年，一班接一班的生澀弟子進入了溫州街的書院窄門，挺胸昂揚離開，三、四十年來，不少大學校長、院長、系主任、教授，甚至中小學老師、全台三一九鄉鎮公所的許多課員、課長、里幹事，都曾坐在這大約二十來坪的狹窄空間內，屏神靜氣，一腔求知熱情，快筆急書，希望記下老師的每一句每一字。玩味老師之言，弟子們會體悟老師已經不是在講學，而是用生命演活了經典，用經典印證了生命。許多學者專家都將中國文化當成研究對象，老師自己就是中國文化，生命活出中國文化精髓的哲人。

老師講書，所言都是有典有故，有憑有據，像老師常講「讀書明理」，字義看似明白不突出，其實這是清朝皇宮皇子讀書的上書房對聯——「立身以至誠爲本，讀書以明理爲先。」

老師鼓盪著豐沛生命力講學時，望著慕道向學的弟子總有遺憾，心中的「奉元書院」難不成此生無法在一片遼闊的林樹間掛起已經設計完成的匾額和院訓，將中國傳統的書院矗立在太平洋一處美麗的寶島上？

兩岸全面開放後，已經八十七高齡的老師回瀋陽新賓看看眷戀的故土，探望為數不多的親人，修好永陵後，老師心生一個希望：北方沒有大書院，「奉元書院」是否可以擴展到北方。

孔學重行，想到就要做到，老師亦然，老師和新賓（**清朝的「興京」，滿族的龍興之地**）地方政府洽商先創辦「滿學研究院」，培育滿族人才，續辦書院，這項心願很快達成。新賓政府允撥地十一‧三畝，老師以義子之名，成立「興京祖肇堂股份有限公司」，斥資臺幣數千萬元，興建了「滿學研究院」。

「滿學研究院」正廳高挑，十分宏偉，前後四大偏廳，有十八間房，中間是大園子；老師並提供豐厚的獎學金，輔助滿族優秀子弟。

「滿學研究院」興建告一段後，老師立即著手設立「奉元書院」。

「奉元書院」本來就規劃供奉人祖元聖伏羲，八十七歲的老師搭了將近二千公里火車，前往甘肅天水參拜伏羲廟。

為了參酌傳統的大書院建制，老師又千里迢迢到南方書院取經，專程搭機前往杭州，參訪馬一浮所辦的「復性書院」。

「若要人不知，除非己莫爲」，這句話可以作正面解讀，老師讀書百年，行教六十多年，教出弟子萬餘人，許多弟子在學界、政界、醫界，甚至商界都極爲出名，老師即使不易乎世、不成乎名，世人豈會不知？

「不有梧桐樹，難招鳳凰來」，老師的名聲不只在海外成名，大陸學界也知道老師在臺灣的書院講學。北京清華大學國學院認爲老師逐字解經的書院講學方式，正是國學院所欠缺的，清華大學透過相關人士，向老師提出由清大撥地、興建「奉元書院」。

北京清華大學爲了表現誠意，邀請老師在該校成立「奉元書院」，並親自講學，去年年初，清華大學常務副校長陳吉寧先生、楊家慶副理事長等人專程到臺北拜會老師，並致贈清華大學圖書館收藏老師恩師王國維唯一墨寶複製品。老師睹物思人，見太老師手澤，老淚盈眶。

北京清華大學的國學院成立於一九二五年，有王國維、梁啓超、陳寅恪、趙元任四大導師，國學院類似中國古代的翰林院，可惜只辦了四年，但所收的七十一個院生，其中五十多人成爲頂尖學者；二〇〇九年，國學院恢復，成立王國維講座和梁啓超講座。

王國維過世，清大建了王國維紀念碑。清大提出了最高規格的禮遇，老師若能親自到清大講學，將安排老師住在學校中心工字廳旁的古月堂，並在古月堂講學。

老師聞言，不免追憶昔時恩師王國維的言情笑貌，興奮激動，有意將奉元書院擴展到北京清華大學，擬派曾任臺灣大學歷史系主任的徐泓師兄磋商興建書院的後續工作。

今年（西元二〇一一年）元月二十五日，我先給老師拜早年。面有喜色的老師告訴我這個殊勝機緣。

老師百歲時仍然精神矍鑠，鼓勵前去請安弟子多加把勁，對自己的身體相當有信心：「醫生說我沒有病，來日方長！」

前年（民國九十八年）十一月，老師說：冬天一過，五、六月想回新賓。長白山秋冬嚴寒，不利老師遠行。但是去年暑天，老師因氣喘住在鄉間休養，並未啓程。

我感覺老師身體有些虛弱，老師嘆口氣道：「我再活個三年，就已經有些勉強了，清華大學邀請我們奉元書院，早兩年多好！」

老師當然了解自己的生命終究有到盡頭的一天，但依然信心滿滿地說：「不急，慢慢來，世路難行錢爲馬，先成立同學會跟羲皇基金會，一步一步來！」

曾教過前總統李登輝易經的師兄劉君祖於元月十日，被召往老師家中，老師喜形於色，仍說不急，這個總得慢慢來，要聚人、用才。劉君祖師兄感動之餘，跟老師由衷說出心願：「老師，再活十年，創歷史紀錄！」老師一哂說：「儒家人物沒有活過我的！」

夏曆年每年春節初一、初二，老師總會開門接受弟子們分批拜年言歡。

悠悠歲月，一年一年又一年，老師一〇六歲這年的春節，初一、初二在陽曆二月二日、三日。一如往年，拜年弟子排排坐，聽老師教誨，老師心情甚佳說：「看老師這樣子，像是生病的人嗎？再活個五年沒問題！」離開時老師揮手，與弟子們互道明年再見，孰料老師這年的揮手竟然也是向人間揮手，道別則是永別。

老師唯一未完成的惦念遺願，就是「奉元書院」能否擴展到北京清華大學。三月二十日，老師作古這天，本來囑咐徐泓師兄在早上十點到溫州街住處洽商細節，老師竟在清晨溘然長逝。

老師百日後，弟子們奉行老師宏願，成立「中華奉元學會」，並在十月二日老師冥壽的前幾天召開大會，徐泓師兄先於九月八日前往北京拜會清華大學副校長陳吉寧和國學院院長陳來、副院長劉東等人，贈送吳道子的孔子像拓本。

孔子繪像中，以吳道子的「先師孔子行教像」最有名，一般所見的行教像中，孔子雙手在腹前交握，這個拓本其實非吳道子所繪本，而是後人摹本繪圖，真本是雙手在胸前交握。

老師說，古人摹本繪像有道德，不會全部一樣，讓人以假亂真。老師六十年前離開大陸時，特別攜帶這難得一見的吳道子手繪孔子行教像真本拓片。

老師生前吩咐徐泓師兄，以此禮回贈清華大學。

對漢民族而言，老師是個入侵的外族，所謂的夷狄；對臺灣人而言，老師是個外省人，被國民政府主席蔣中正「賞識」，押到臺灣來監管的滿清遺老。但老師深思滿族武力曾經那麼強，現在沒了，這是文化的力量；「大公無私」，文化至大至公，「奉元」就是爲文化跑接力賽，有多跑的，也有少跑的，跑多少算多少。

老師教誨臺灣弟子，從一人開始，有如老子所說的「道生一，一生二，二生三，三生萬物」，民國四十七年收的第一個弟子是初中生，二個月後收第二個弟子是高中生，民國六十年後收的大學生弟子一班接一班，每班數十人至二百多人不等。

老師講經不像一般大學教授尋章摘句、訓詁考證，而是依經解經，通貫六經，不作支離字解，如說易經重「通德類情」、「知周乎萬物而道濟天下」、「時乘六龍以御天」之要義；講春秋申論「人人皆有士君子之行」、「居正一統，貴除天下之患」之大義；談大學要「學大」，臻內聖外王之聖功；言中庸揚「中之用」，重視「致中和，天地位焉，萬物育焉」的功夫，論史記闡述「貶天子、退諸侯、討大夫」的史筆深意。

「以夏學奧質，尋拯世真文」，走進黌舍的入門弟子，不只有文學院學子，理工科和醫科弟子也不少。真有一番驚天動地實務經驗的老師，以自己的人生閱歷舉證，經典不是古人的死翻譯品，而是活生生的經驗，讀古書不要做殯儀館的化粧師，要以古人的智慧來啓發自己的智慧。在二十坪的小地下室，曾經擠進超過二百多人的學生，老師一字一句、徐徐不迫講經，這聲音穿牆破壁，迴盪天宇。老師說：「孔子述而不作」，他是「尋而不作」。

老師上課都有錄音，由學生整理，存了不少筆錄，後來卻霉爛了，一把火給燒了。

不過，老師曾說要「正法」，給五經作標準解讀，稿成兩份，一留海外，一留臺灣。

我請益老師，晚年的老師說，他有兩部不傳之學，「聖時」和「權權」。

孟子稱讚孔子「聖之時者也」，老師把「聖」當動詞，要聖這個時；論語子罕篇子曰：「可與共學，未可與適道；可與適道，未可與立；可與立，未可與權。」「權」在孔子的境界十分高，通權才能達變，才能唯變所適，老師有意「權權」。

老師雖言「聖時」與「權權」爲不傳之學，但仍留下一些大義微言。易乾卦文言九五：「夫大人者，與天地合其德，與日月合其明，與四時合其序，與鬼神合其吉凶；先天而天弗違，後天而奉天時，天且弗違，而況於人乎？況於鬼神乎？」

老師依文言將時分成先時、治時、奉時、失時四個時，在各個不同時位中，要利用六十四卦的時義和時用以御天下之事。

「權」是時用，用時即行權，春秋褒貶就有權。論語有兩處談權，一是子罕篇子曰：「可與共學，未可與適道；可與適道，未可與立；可與立，未可與權。」二是憲問篇子曰：「晉文公譎而不正，齊桓公正而不譎。」齊桓公與晉文公或正或譎，即因行權不同。

老師雖然生前未發表過自己的哲理文章，但就像孔子，「論語」也非孔子自撰，而是弟子筆錄。天德黌舍和奉元書院弟子爲老師輯錄傳文，責無旁貸。

「以夏學奧質，尋拯世真文」的條幅，老師寫於「夏曆甲子幸逢雙春雙雨水并閏十臘月念五日」，也就是民國七十三年十二月二十五日，但老師尋思「以夏學奧質，尋拯世真文」早在成立「天德黌舍」之前。

以者，用也。夏學爲中國人之學。老師見世界紛擾不安，西方之學以私利奪權爲治國要義，無法一平天下，唯有從夏學的深奧義理，去尋求拯救世界的真文。

夏學奧質詳載典冊，尋求拯救世界真文者，老師之後，又有何人！

八、上修祖陵下擁愛孫

一九七四年，我從臺灣大學哲學系畢業後，便自行創立出版社，由於業務繁忙，只好結束在「天德黌舍」的讀書日子，我得到老師的訓誨只有三年。

一九八一年，我的人生之旅遭到極大的挫折考驗，一九八六年，我回黌舍看老師，老師指示我住在新店一處山間花園小屋。

一九五三年，一位留法的建築師在新店北宜路一處山邊，開築了數百公尺長的石板路，設計了七連間紅磚黑瓦平房。前庭五六十坪大的竹園，俊挺的孟宗竹高可參天，園中恭立了一個數百斤大鼎。屋後開闢了一個百坪大的茶園，環園數十甲保安林，遍生密可遮天的藥草、野草、常綠灌木、落葉喬木。

平房前面七棵大樹一列排開，其中二棵是茶花，四棵桂花結了小小黃花，每一小花有四片花瓣，香氣清爽。

最大的一棵樹挺立在我的窗前，從母幹斜出三分枝，每一分枝又分成幾根細枝，濃密的綠葉在冬天仍然光亮閃爍。每天天一亮，我推開窗子，它看著我，我看著它。有一天，一個爬山的中年人，走到大樹旁，昂首看樹，露出驚奇的神色說：「這棵含笑怕有百年了！」這中年人一聲讚嘆，提醒了我，每天面對的大樹是含笑——我看含笑，含笑看我。

七間平房的正中央是個較深長的堂廳，供奉了一尊陶塑清裝人物座像，黃縵呈八字分披，上面有「華夏學苑」的橫匾，兩側是「萬世師表」的黑底金字。

我幾乎整天都在靜園讀書寫字。每天面對的是花木蟲鳥，只有兩條白色狐狸狗陪伴我。這兩條狗溫馴可愛，老師叫那兩條狗是「阿美」和「阿蘇」。

這個園子的正門朝西，砌了一個紅磚黃蓋的窄門，往下石階約有四、五十級。門額嵌了兩個金色的隸字「靜園」。

「靜園」罕有來客，有時整個星期也未有過客，我心想「靜園」的園名取得實在，確是寧靜、安靜之園。

老師不定時間上「靜園」走走。老師不過年，家中也不貼春聯，只有「靜園」貼春聯。我住的第一年春節前，老師拿了長香和幾疊銀紙上山，還帶了一幅對聯，「天下眾生仁者壽」、「世間凡事禮爲尊」。

我在「靜園」住了三、四年，當「靜園」只是一處良好的養心休憩之所，不知道「靜園」珍藏了老師的宏願與失落、回憶與滄桑、祈求與追悼。

「靜園」並非如表面字義，是個寧靜、安靜之園，而是老師刻骨銘心的築夢之園。

溥儀在一九二四年遭馮玉祥趕出紫禁城，就在天津租房而居，一九二九年賃居「靜園」，老師與溥儀在「靜園」謀思復辟良策，「靜園」可說是醞釀「滿洲國」成立的搖籃之園，老師為紀念滿洲國復辟，因而將臺北新店這個園子取名「靜園」。

老師懸掛「靜園」二字時，曾召幾個弟子到「靜園」，說明「靜園」之義。「華夏學苑」的橫匾懸於靜園中廳的主堂祭桌上方，「華夏學苑」和「天德黌舍」都是集王羲之字的浮雕匾額，仿北京故宮九龍壁琉璃浮雕，中間二龍戲珠，左右加二共六龍，姿態不同，塑於底層，採用易經乾卦彖曰「時乘六龍以御天」之義，老師勉勵弟子要乘六個時位，來御天下之事。

「華夏學苑」和「天德黌舍」二匾額外加浮雕花紋邊框，高低勻稱，主次分明，色彩淡綠，是師兄周義雄之作。

「天德黌舍」橫匾，老師懸掛於溫州街的講堂之上，下有熊十力橢圓形浮雕像，老師坐在熊先生的浮雕像下授學；「奉元書院」的橫匾只有墨筆，尚未完成雕飾。

老師因三件寶物失去，未能成立匯聚世界中華文化的夏學研究中心，將「華夏學苑」的心願懸諸「靜園」的祖堂正殿供桌之上。

老師在太師母百歲時，捨園爲廟，接「靜園」橫匾之下，懸掛「人祖羲皇廟」，並鑄鼎爐供於正殿右前方的長方形庭園中，恭上太師母百壽千秋，「人祖羲皇廟」匾額右上方和鼎爐正上方都有「仁壽宮」金字。

老師繼「華夏學苑」未成後，發心辦「奉元書院」。中國太學、書院左廟右學，太學供奉孔子，書院供奉先賢，老師擬將供奉之廟定爲「人祖羲皇廟」。伏羲是人文之祖，故稱「人祖」，又因伏羲畫卦，以元爲四德之首，亦稱伏羲「元聖」，奉元書院即供奉人祖元聖伏羲。

老師的「仁壽宮」不能僅就字面引論語雍也篇子曰「知者樂水，仁者樂山。知者動，仁者靜。知者樂，仁者壽」來解釋，老師於丙寅年（西元一九八六，民國七十五年）供立「仁壽宮」，應從老師所書對聯了解：「天下眾生仁者壽，世間凡事禮爲尊。」

「禮爲尊」是隱含先祖代善能得「禮親王」稱號，中國歷史上前所未有，故言「禮爲尊」；「仁者壽」，不僅是孔子之言，仁者才能與天地同壽，更有太師母百壽，親兒「安仁居士」爲娘親上百壽之意。

正殿供桌上的「華夏學苑」兩側有四個黑底金字「至聖先師」，老師尊孔，也奉祀至聖先師孔子。

馨香禱祝的祖案上，供奉一尊泥塑清朝袍服人物座像，這座像是光緒皇帝。光緒皇帝沒有子嗣，老師認爲光緒可憐，所以設供，供奉光緒亦即敬祖。

民國七十年（一九八一年）九月三十日，老師也在靜園首次祭祀清太祖，述事繼志，無愧先祖。

從「天德黌舍」和「靜園」的匾額字畫中，老師來臺六十四年，可以概括老師心之所主爲「無愧祖宗，無忝所生，廣聖學，興治藝」十四字。

歷史聖賢和教主大師，教學說法較久的，其中創立佛教的釋迦牟尼佛說法四十五年，八十歲示寂；翻譯佛學大般若經的玄奘大師九十歲圓寂；孔子弟子三千，七十三歲作古。

中西歷史名人、今賢古聖，應再沒有比老師讀書百年，教學六十年以上更長的了。

老師講學不落空，講的是內聖外王、治國平天下、己立立人之學，老師還成立夏學社，恭印「御批歷代通鑑輯覽」、「孫吳兵法太公六韜」、「辛齋易學」、「新校慈恩本周易集註」、「妙法蓮華經」等書，老師可說已達成太師母囑咐刊經，廣聖學興治藝之命了。

老師為太師母造像千尊，捨園為廟，鏤鼎馨香，虔報罔極，也可謂無忝所生了。

若說老師還有遺憾，則是青壯之年被拘禁在臺灣，無法施展文韜武略，一展平生所學。

老師在臺灣六十多年，不像一般文人只會據文案辦公。老師天天看報，分析天下形勢，臧否人物，關心時事，壯心不已。

我住靜園第二年夏天，某日下午四時左右，老師上靜園。那條叫喚「阿美」的狐狸狗已在一星期前死了，我向老師稟報「阿美死了！」

老師聞知半晌，嘆了一口氣，我以為老師有些不捨感傷，卻聽到老師說：「還是蘇俄較強較可怕！」

我一聽呆愣片時，老師在我上靜園時，告訴我那兩條狗叫「阿美」、「阿蘇」，內心還有些奇怪，一般人給狗取名，可愛平順，老師給一條狗取名「阿美」，另一條應叫「阿麗」才對，怎麼叫「阿蘇」？原來老師對美蘇兩大國印象不好，所以把兩條狗叫「阿美」、「阿蘇」，以之為戒，提醒要思考如何面對美蘇。

老師還說：「美國人遲早要倒霉，現代人說『臭美』，美國發臭時間不會等太久了！」不過，老師在黌舍授課分析政情，曾說：「別看蘇俄強，內部衝突嚴重，遲早要分裂的！」對蘇俄面臨崩解的政情發展，老師在七十時代已經作了預言。

老師對八國聯軍殘殺中國人，還在太廟上養馬憤怒難平，對蘇聯教唆外蒙古獨立更是痛心。

當天，老師坐在廳堂太師椅上跟我聊天，突然順手從供桌上拿起一根火柴棒，屈指一彈，那截火柴棒射向對牆的一隻壁虎，那隻壁虎應聲掉落地面，翻肚而亡。

老師看我目瞪口呆，嘿笑一聲：「想當初，我雙槍齊發，還殺了一些日本兵——」

我在社會上闖盪多年，有個輔大學長曾說：「毓老武功高強！」

老師一身長袍馬褂，長髯飄拂，鼻懸膠框眼鏡，教誨後學讀聖賢書，談道德文章，讓我們沈浸在經書的智海中，很難想像老師和武功有關，我總以爲是無稽之談。這天，陡然看見老師的身手，才半信半疑問老師：「老師學過武功？」老師一哂而笑。

老師武藝高強，直到兩年前，我才確信。當時我寫了一篇老師的文章「江山萬里夢」，老師一時興起，找出一本相簿，裏面有一張黑白照片，是一個原住民武士照片，這張照片的武士未蓄鬚髯，左手握刀鞘，右手刀露出白刃，初看有些面善，定睛一瞧，我一時瞠目結舌，結巴問道：「老師，您怎麼作這身打扮？」

「這是卑南族的武士裝，我本來就是武士。」

張其昀曾經不相信躍馬長白的老師，是飽讀古籍的大學問家，我們大多數在毓門受教的弟子，也不會想到老師曾有叱吒風雲的歲月。

在老師諸多神秘傳奇中，老師自己不說，他人說又不證實或否認，我們在半信半疑中，只能當傳言。老師武功高強之說，我若非親眼目見老師彈指打下壁虎不會相信。老師作古後，我看到老師作息表有靜坐、氣功、活穴，這才確定老師不只有武功，而且武功高強，他一槍打死日本大佐，不是槍法不準，而是槍法神準。

武士無用武之地，當然惆悵神傷。老師在臺灣定然有「無力可回天」的孤臣孽子悲涼。

老師曾經說過：「老天爺讓你活過百年，一定有活的理由。」殉節容易守節難。一般人越老越糊塗，老師曾自言「老了還不糊塗」，這是多麼難得。老師大概沒想到上蒼要他活百歲的理由，是讓他以無忝所生之德，爲祖先奉獻最後的心力，爲人性高風亮節作見證。

老師的禮王府祖先葬在北京海淀區的門頭村。禮烈親王墳地坐西朝東，建有宮門、紅牆、碑樓、享殿、月台和寶頂，墓碑兩面鐫文，背面爲乾隆賜詩。代善七子滿達海襲爵，園寢在代善墳地之北，八子祜塞的園寢在代善之南，門頭村還有滿達海長子常阿岱，祜塞三子傑書和傑書五子椿泰的禮王墳。

禮親王墳現存遺址，只有禮烈親王碑螭首、康良親王螭首龜趺碑、惠順親王碑龜趺、惠順親王碑螭首。

「門頭村」以前大概叫「門頭溝」，老師曾考慮將書院建在門頭溝，叫師兄白培霖去門頭溝看看，還說那裏是他們家的園寢。

西元一九九三年夏天，老師在兩岸全面開放後，返回長白故土，先看禮親王祖墳，老師十分痛心原被國民黨政府列爲十三處保護區之一的門頭村樹木，在一九二九年蝗災鋸過一次，一九四四年在日軍脅迫下獻樹上千株，看林的人又放樹賣錢，古樹無存，老師只見數千株菓樹。

老師年輕時常常到祖墳望月，和祖宗聊天。皎潔明月，笑臉道晚安。祖宗如青山，老師如松柏，粉身碎骨，永不相負。祖墳遺物所留不多，老師愴然莫已。

老師看完祖墳，又去看皇陵。清代皇陵指的是分布在河北省遵化市馬蘭峪的東陵和河北省易縣的西陵。被孫殿英部隊偷盜的乾隆陵和慈禧太后陵在東陵。東西陵都被聯合國教科文組織列入「世界文化遺產名錄」，保存情況算完整。

除了東陵和西陵外，清代還有努爾哈赤上五代的祖陵，座落在遼寧撫順永陵鎮的永陵。

永陵建於明萬曆二十六年（西元一五八九年），毀於西元一九〇四年的日俄戰爭。永陵安葬的是「肇祖」孟特穆、「興祖」福滿、「景祖」覺昌安、「顯祖」塔克世以及努爾哈赤兩位叔伯禮敦和塔察篇古。

孟特穆爲「肇祖皇帝」是清太宗皇太極頒布的，但老師依清太祖武皇帝實錄，稱肇祖是布庫里雍順。

老師見永陵殘垣殘壁，門口的石獅子被打斷了一大截，十分傷感。一位當地老人見老師腰繫一綹黃帶子，作勢要下跪，老師伸手制止說：「現在不興這個了！現在不興這個了！」老師於是結合遼寧省撫順新賓滿族自治縣的當地力量，配合中國政府支助，重修永陵。

永陵格局分成三部分：前院、方城、寶城。方城內有啓運殿、東西配殿。啓運殿爲享殿，是祭祀主體建築。東西配殿即果房和饍房，因大水氾濫沖毀，老師決定捐錢修復。

重修永陵期間，當地人見老師常在永陵散步，好奇問：「您老是外地人吧？」老師回答：「永陵是我的老祖宗！」

中國國家民族事務委員會派來修陵的人，半夜不敢外出，怕見鬼，老師卻時常夜出，別人問不怕鬼嗎，九十歲的老師答說：「我很願意晚上和老祖宗聊聊天！」

永陵修繕完成，老師在永陵前矗立了一對碩大的白色新石獅，上書「禮烈裔孫金成偕臺北奉元書院弟子恭獻」，並在永陵前院東側重建果房，西側重建饍房兩配殿，並建有三間青磚瓦的外廊式房子。

老師又在離永陵不遠處的「顯佑宮」鑄造一口大銅鐘，鐘上浮雕臺北奉元書院弟子的名字。

「顯佑宮」是努爾哈赤建妥赫圖阿拉城後，續建的皇家寺廟群之一，除「顯佑宮」外，還有「地藏寺」，統稱「皇寺」。顯佑宮的銅鐘已毀壞，老師重鑄紀念；「地藏寺」的負責人認爲溥傑已死，皇族夠資格爲皇家寺廟題字的是老師，向老師求字，老師題字後的落款是「長白毓鋆時年九三」。

永陵於西元一九九三年斥資巨款重修，一九九七年修成。二〇〇四年，永陵繼東、西陵之後，被聯合國教科文組織列爲「世界文化遺產名錄」，老師露出罕見的笑容說：「得了金牌獎。」

永陵列入世界文化遺產那年，老師並沒回去，同門師兄弟問老師爲何不回去，老師說：「成事業，絕不可爭功。老子曰：『夫唯不爭，故天下莫能與之爭。』盡責任，犧牲享受，享受犧牲。一輩子沒有享受過，只有得到世界文化遺產這件事十分開心，精神愉悅比物質快樂。」

老師修成永陵後，永陵鎮人民政府撥了二、三畝土地，讓老師私人使用七十年，老師卻成立「興京祖肇堂股份有限公司」，決定興建「滿學研究院」。「興京」就是「新賓」的清朝地名，是大清的龍興之地，「祖肇堂」有緬懷大清肇祖之意。

「滿學研究院」由世代修築故宮的大連設計師設計，宮殿式建築，正殿樑柱彩繪，迴廊樑柱亦彩繪，門板龍紋浮雕，作工精美。

「滿學研究院」除主殿外，兩邊建有廂房，正殿和後殿都有廣場和草地，氣派典雅。

興京祖肇堂投入老師近乎所有的資產積蓄，斥資臺幣數千萬元，興建了「滿學研究院」。這些錢其中一千萬由弟子龍靜國捐贈。龍靜國在老師幫助下，於海南島成立人工鑽石公司，賺了錢回報老師。義子張景興協助德國廠商成立鑽石製造廠，德國廠商致贈一千萬臺幣。由於老師又設立獎學金，資助四十八個滿學弟子，耗費不少，老師將幾十年的束脩都投入，仍然不夠。不得已，將溫州街房子抵押借款一千二百萬元。老師在三十多年前爲了方便講學，買了溫州街的房子，貸款一百萬；三十多年後卻爲祖宗和滿族貸款一千二百萬元。老師修祖陵，建滿學研究院，相信太師母會稱許他「無愧祖宗」。

老師在大陸育有一子二孫，修永陵時，未曾見過面的兩個孫子來探望老師，不解問：「爺爺，修這個幹什麼！」

老師苦笑無言。

從物質生活來說，老師來臺後，物慾極淺。

老師租臥龍街時，多了三間房子，要三個弟子分租同住。早餐自理，中餐煮麵，麵撈起來拌上芝麻醬，上面放幾片小黃瓜，煮麵的水就是湯，晚上合伙做飯，買點肉和菜，老師也切肉做菜；不作飯下麵，就外購十五粒水餃，一碗酸辣湯，或者一籠小籠包，一碗蛋花湯。

老師說宮廷御膳房的點心入口絕不硬，火候剛好，現今點心百分之八十都不對味。現代人常罵人光會吃，其實會吃不容易，真要有學問。老師回故鄉時，曾到北海吃御膳。經營主人知曉老師來自宮廷，請教老師，他們的手藝如何，老師回說：「蔥切得像！」

老師切肉順肉的紋路，符合孔子「割不正不食」，老師解爲不按著肉的紋理割，就會破壞肉質，肉一定做不好。但講究美味的老師雖然批評幾家臺灣馳名的館子味道不正，自己並沒吃多少好東西。

常啃硬麵包的老師，七十多歲時，牙齒還很好，他告訴我，將葡萄冷凍成小硬球，咬起來有味道。

老師曾苦笑：「一個人無價寶」，因爲一人吃全家飽。

老師從小就不習慣吃菜，菜下肚容易反胃，跟老師合伙的同學油水太少，受不了，住不下去，但老師在八十歲前，雙手卻潔白如玉，沒有丁點老人斑。

老師的外甥女來看老師，老師和外甥女比皮膚誰較白較嫩，外甥女比不贏老師，嗔笑道：「舅舅欺負我！」

幾位常和老師聊天的同學問老師，皮膚怎能那麼光滑柔嫩，老師得意之餘，擼起袖子，露出整條手臂給同學看：「你們摸摸看，真是滑嫩！」老師在同學稱讚驚訝時會說：「咱們以前啊，你們太師母讓我每天吃珍珠粉。」

老師拜鄭孝胥爲師時，鄭孝胥有早起習慣，自號「夜起庵叟」，老師受到影響，每天早晨大約三、四點起床，必有運動。白天讀完一段書，作十分鐘家事。

八十歲後，老師有些心律不整，血壓小毛病，八十三歲罹患胃癌，經臺大醫院動手術後，完全康復。老師說：「人的身體是否健康，必有原因。」

老師康復後，赴新賓修永陵，還能長途跋涉。陪伴老師前往的弟子阮品嘉師兄佩服說，九十幾歲的老師還能咬核桃。老師甚至後來還長新牙，鬍子有些變黑，眉毛從來沒有白過。

老師百歲那年，因肺積水而住院。過百後，醫生診查無病，只是老了。弟子不解老師如何養生，才得長壽，老師在一家土木工程行的小廣告紙上記下了八十三歲後的規律生活表。

四時：靜坐、氣功、活穴
五時半：進蔘湯，沉思
六時：進早饍，去書院
七時：元祖壇前晋供，靜禱沉思
七時卅分：閱信函，分復
八時：研會務，分別指示要點，然後開始學術研究
九時：進點心，繼續工作

十一時：會客，無客繼續工作
十二時：進午饍，閱報
一時：小睡
二時：研會務，繼續學術研究
三時：進點心，繼續工作
六時：進晚饍，返舍
六時四十分：沉思居敬
七時：講學二小時
九時：活穴
九時半：點心，進奶乙杯，菓類少許
十時：閱晚報及信函
十一時：靜坐

不過，我們弟子們仍不免好奇，老師的養生應有偏方妙藥，師兄潘英俊就請教老師，老師回答了四個字：「問心無愧」。

老師曾說：「別人問我，你是什麼學派的？我說，我是問心學派。」原來，問心不只可作為行事準則，也可養生。

老師生活多虧有義子張景興夫婦的照顧，再度享受家庭的溫暖。義子張景興在一九六七年從嘉義北上考高中，就和老師同住在洲尾村。大學畢業，娶了媳婦，並育有一男一女，從此，老師有了含飴弄孫之樂。老師將義子張景興列入禮王府族譜的「恆」字輩，命名「達」。

老師小時候常跪，跪父母，跪祖宗，跪皇帝，天地君親師都跪。長大陪父母吃飯，雖然不跪，仍是站著。義子夫婦和老師說話，恭立不坐，但兩個孫子小時候卻「公然造反」。

老師四、五歲在太師母面前跪讀背經書，老師要孫兒背「皇帝內經」和「大漢和辭典」，孫子問：「爹爹，為什麼要背？」老師說：「背下來，才能玩味。教你們背書，是為你們生活啊！」孫子不以為然說：「生活好，不用讀書」，孫女更直接說：「我不要讀，太難了，我怎麼生活在這種家庭！」

老師愛孫，有時語氣諄諄，重覆提示，孫女說：「爺爺，你少說點話！」老師問：「為什麼？」孫女說：「話太多了！」

有一回，老師要孫子「盍各言爾志」，孫子是「臺大門前擺地攤」，孫女是「鋼管女郎」。老師有一天在整理東西，孫女好奇問，老師回說：「準備賣寶貝，找女朋友，另立新房！」孫女馬上回說：「門都沒有！」

有一天，孫子不想聽老師說話，反說：「爺爺，我給你說點你不懂的。」老師說「不要！」孫子居然回答：「落六」，老師糾正說：「是落伍，不是落六。」孫子咯咯笑出聲來：「比落五還落後，就是落六，爺爺是落六嘛！」

老師上課時，常將和孫子、孫女鬥嘴情形轉述給弟子聽，老師說：「你們來上課，受我氣；我上樓，受孫子氣——這就是報應！」老師口說「報應」，嘴角卻是揚了起來，語音帶有甜甜的味道，十分享受這種「報應」。

老師這輩子唯一的左擁右抱，就是抱孫子，兩個孫子長大，最倒楣的就是那隻馬爾濟斯狗。老師很喜歡這條狗，孫子還沒出生前，吃飯常抱這條狗，狗上飯桌也沒關係。孫子長大後，就坐在老師兩側，那條馬爾濟斯狗不曉老師「移情別愛」，心中另有所屬，還以爲自己仍得老師寵愛，照常上桌，不意卻聽老師語氣不對：「下去！」

兩個孫子就讀的是「新民小學」，老師對「新民」兩字十分重視，他認爲「親民」的目的在新民，所以說「大學」是學大，大學的三綱領是在明明德，在新民，在止於至善。老師在滿洲國創立「新民農校」，孫子讀「新民小學」，新民小學募款籌建圖書館，老師以孫子和孫女的名字捐了五萬元。

老師關心孫子、孫女的安全，常到孫子、孫女的學校走走。老師常散步到水源路附近的市場，幫孫子、孫女買衣服、鞋子。

老師對孟子所謂的「大人者，不失赤子之心」深深體會，常常以赤子心來解讀大人，而且見解獨到：「赤子心是無私之心，赤子手拿東西吃，你要他分一點，他全都給了你；孩子有是非心後，你要分他一點東西，他轉頭拒絕，已失赤子心。」

孫子、孫女長大後，開始知分寸，少和爺爺頂嘴抬槓，老師有些惆悵失落，似乎天倫之樂少了些：「我年紀大了，舌頭有些笨，講話速度慢，兩個孫子現在長大了，不太說真話了。」

老師捐款重修永陵，得到聯合國教科文組織列爲「世界文化遺產名錄」，「滿學研究院」不僅吸引了滿人，也吸引了各地觀光客。

老師第一次帶幾個弟子到新賓，整個城裏，中午沒有館子吃飯，轉了半天沒發現店面。有一位大嬸，看他們一夥人沒吃飯，就在家裏下麵，打上蛋，當成午飯給大家吃，沒有收錢。老師修好永陵，建了滿學研究院。中國政府於是撥款興建新賓基礎建設，帶動整個新賓發展，凋敝的民生大爲改善，老師可說是無愧祖宗。而祖宗保佑老師的是，孝子在側，雙孫左擁右抱。

老師年輕時雖然玩刀弄槍，但對近代科技文明陌生，連打公共電話都不會。老師在外頭要聯絡家人，都是請人幫忙打電話。

老師九十五歲後，去臺大醫院檢查身體或看病，都是坐輪椅，由義子開車接送。有一天，老師看到捷運站，想進去瞧瞧，義子牽著老師的手搭電扶梯，老師竟然搖頭不敢搭。

儉是美德，老師可說是至儉。我在外忙事業時，曾碰見老師幾次，老師常常走路到附近的民眾服務站，除了散步，就因爲那裏有免費的報紙可以看。

老師的眼中沒有廢物、棄物，每一張紙都留了下來，老師有幾十年前的剪報，捨不得丟，臨時小記都寫在過期日曆的背面，或廢紙上。我近幾年看老師，有時忘了帶記事簿，找到的白紙，都已經泛黃。

老師手中的裝物塑膠袋十分老舊，我買了一個質料不差的袋子敬呈老師，老師仍然用舊袋子。

溫州街住宅，老師一住三十多年，沒有修繕過，地下室的課堂也未曾粉刷過。

爲了省電，老師有時找書不開燈，拿手電筒找書。

去年某一天早上，我連聽老師三個小時訓誨，想上洗手間，一〇五歲的老師從地下室扶著鐵扶梯上樓，整條通道黑漆漆一片，我看不到路，剛踏上一樓，鞋子遭東西黏住，老師適時說：「小心，有沾黏劑，黏蚊蟲的！」

老師認爲東西浪費不用可惜。前年夏天，我看到老師穿了一件橘黃色的襯衫，外套夾克，和老師平常長袍馬褂衣著迥然不同，不禁笑問：「老師怎麼穿得那麼年輕，好鮮豔的衣服！」老師嘿聲道：「他們買的，不穿可惜！」

但分文不浪費，生活儉僕的老師卻大方地爲祖宗、爲滿族慷慨捐輸，竭盡所能。

老師一生傳奇神秘，知者嘆爲觀止，不知者難以置信外，有些還認爲老師大了，頭腦難免有問題。

離開陽明山十多年後，老師有一天心血來潮，到陽明山看看他初落腳的地方，見黑頭車來來往往，憲兵警戒森嚴，他當年住的地方已成行館。

警衛看老師站在那地方觀望，立即前來盤問：「幹什麼？」

「看一看！」老師應聲道。

「有什麼好看？」

「看看我以前住過的地方！」

警衛看老師長袍馬褂，十分威嚴，又聽老師如此回話，不曉老師何方人物，不敢催促趕人。

老師首次回大陸，由弟子蔡明勳陪同，老師去看禮王府，站在已經成爲民政部辦公處的舊王府入口，向蔡明勳說：「這是王府側門。」二人正在觀看時，看守的武警走過來問：「老先生，你在看什麼？」

老師答說：「我在看我家！」

那武警看老師年紀大，想是頭腦不清楚，客氣請老師離開。

九、履林海而恨滿關山

二〇一〇年夏曆春節年初一，一〇五歲的老師一如往年一樣，穿戴整齊，八點正，端坐溫州街的住處地下室，分批接受從四方而來的弟子拜年賀節，並說些勉勵的話。

每逢佳節倍思親，在臺灣守節幾十年的老師，對著滿堂弟子感嘆說：「我這一輩子，對不起兩個人，一個是你們太師母，未能盡孝；一個就是你們的師母。我們滿族女性個性剛烈，絕不會再嫁，她不再嫁，我能再娶嗎？不只女方要守節，男方也要守節呵！」老師接著又自我揶揄道：「現代人喜歡天上掉下來的禮物，我一個人過，不是守分，而是沒碰過天上掉下來的禮物啊！」「老師一個人在臺灣幾十年，到現在還找不到美女，都比不上我們家黃面老太婆。」

老師說在臺灣幾十年，還找不到比師母還漂亮的美女，現在一般男人也常情人眼裏出西施或「言不由衷」的當面誇說太太，但老師如此稱讚師母，絕對是發自內心。老師曾向晚年較接近的弟子透露，他看電影「梁山伯與祝英台」，師母的長相就像女主角樂蒂。

也許是儒家文化有父子不責善，責善則離的觀念，老師的父子之親似乎不如母子之情。

老師恭上太師母百壽印「妙法蓮華經」，撰寫了二五五字前言。這短文有阿瑪的名號。

老師在夏曆丙寅年（西元一九八六年）八十歲時，太師母正好百歲，老師造像刊經，捨園爲廟，這篇短文精妙，深契儒釋道三學：

觀音大士隨聲救苦，普引道俗，皈命西方極樂世界阿彌陀佛。長白毓鋆，以念親故，示入諸相，敬發願心，具嚴繪事，造相千尊，數載圓滿，以薦父母冥福。于丙寅新正既望，恭上先妣鈕祜祿氏太夫人百壽千秋，并祈先考禮惇公蓮池升座，設供于燕子湖畔印月禪寺，鋆拜手稽首而獻眾供養。結緣刊經，處處般若。見聞隨喜悉成佛，不擇人天與蟲鳥；一念慈悲是西方，眾善奉行即淨土。願我先父母與一切眾生，在處為西方，所遇皆極樂；人人無量壽，無往亦無來；同證無上，永不退轉。

願以此功德，普及有情類；
我等與眾生，皆共入佛位。

造像刊經，捨園為廟，鏤鼎馨香，虔報罔極。
夏曆丙寅菊月上浣日于古詠豳軒。

不孝 金成率媳鈕祜祿氏跪上 幸托恩庇 同值耋齡

右文記載，老師自言阿瑪是「先考禮惇公」。溥儀所著「我的前半生」說，他的祖父奕譞世襲醇清王，死後謚法是「賢」，後人尊「醇賢親王」。我們再參照老師先祖代善「禮烈親王」的尊稱，「禮」是禮親王，「烈」是謚號；因此，老師說他的往生父親是「先考禮惇公」，「惇」是老師阿瑪的謚號。「禮」即禮親王。

老師自言，禮王府三代單傳，談到阿瑪，都是不經意帶過，有一次說：「我祖父信丹，父母信佛，我只信心」，另有一次談禮王府施藥助人二、三百年來，有時候求藥人多，老父親也會捲起袖子幫忙。

老師於「天德黌舍」授課時，客廳懸掛了太老師康有爲所題的「詠豳軒」橫額大字。「詠豳軒」的左方有一直行字，「子良仁兄屬」，左下方則是「康有爲」

三字及用印。老師是太老師康有爲弟子，「子良仁兄」當然不可能是老師，應該是老師的阿瑪。

「豳」是古代國家的名字，周的祖先公劉曾經率領周人遷徙豳地定居，故稱公劉爲豳公。「詩經・豳風・七月」這篇詩，唐朝陸德明作了題解，「周公遭流言之難，居東都，思公劉、大王爲豳公，憂勞民事，以此敍己志，而作『七月』、『鴟鴞』之詩。」後人借豳公寓仁君或臨難不苟的賢臣。「詠豳」即歌詠「秉大節」、「臨難不苟」的仁君賢臣之意。

太老師康有爲在溥儀被逐出紫禁城後，曾親往天津的溥儀行在張園覲見，並曾在張園講公羊春秋，老師應該是在張園拜康有爲爲師。

康太老師在一九二七年病亡，他所書的「詠豳軒」是歌詠仁君賢臣之事，是不是老師的阿瑪那時已有爵位，太老師希望老師阿瑪好好輔佐溥儀呢！

老師這一支系的禮親王祖先昭槤是禮親王代善的第八個繼承者。昭槤在嘉慶時被削爵，由昭璉侄兒麟趾襲爵，老師說：「每一個家族都有自己的恩怨」；麟趾之後是全齡、世鐸、誠厚、誠堃、睿銘。誠堃和睿銘應該都非老師的名字，也因此，誠厚可能非老師父親，世鐸非老師的祖父。但老師一到臺灣就被尊稱「王爺」，而周恩來、李宗仁看老師時都稱「王爺」。

溥儀於九一八事變那年冬至的內廷會議，在滿蒙軍事主持人息侯、太傅陳寶琛、滿洲國復辟大功臣鄭孝胥及隨侍諸臣前宣諭，老師是「內廷良駒」，有當面欽點繼承之意，老師豈無爵位？

禮親王的爵位可說是清代諸王之首，歷代皇朝帝位大都是爭位，沒有禮親王。只因老師先祖代善以禮讓國給皇太極和福臨，才得此尊崇稱號。襲代善爵位的七子滿達海賜號「巽」，成爲巽親王，代善八子祜塞的三子傑書襲巽親王，改號康親王，而後的椿泰、崇安、巴爾圖、永恩也都襲康親王。

一七七八年，當時的乾隆皇帝追念代善功勞，將康親王的襲位改封爲禮親王，昭槤所襲的王位即禮親王。

溥儀是否有改封禮親王或另賜老師爵位，我們這些弟子因凜於老師不談身世背景，並說：「談身世，靠祖宗吃飯丟臉！」沒有人懷疑老師的爵位，沒有人敢「放肆」，提出相關問題。

老師曾用「世鐸精廬用箋」。論語八佾篇，儀封人請見曰：「君子之至於斯也，吾未嘗不得見也。」從者見之。出曰：「二三子何患於喪乎？天下之無道也久矣，天將以夫子爲木鐸。」老師解讀此章說：「我們這個上課的地方就是司鐸堂！」老師言下之意，自許爲司鐸，「世鐸精廬」的文義即老師有意爲世界文化

司鐸。古人有爲尊者諱、爲親者諱的規矩。老師祖父若是世鐸，怎會用「世鐸精廬用箋」？不過，仍有師兄認爲老師用「世鐸精廬用箋」，可能非自己印的，而是非常親近的人所留下，至於是否即爲禮恪親王世鐸（世鐸諡號「恪」）不得而知。

再說，世鐸之子誠厚於民國二年（西元一九一三年）襲父禮親王爵，民國六年（西元一九一七年）正月廿四日死亡。老師有一天向一位晚年較接近的弟子感嘆說：「老父親走的時間好，在滿洲國故去，才能辦較風光的葬禮。」這位弟子本以爲老師的阿瑪是誠厚，聽錯了，臉露不解之色，老師見顏色知其意，說：「我老父親走的時間，我做兒子的會不知道嗎！」

老師既然不是世鐸的孫子、誠厚的兒子，那麼，老師是不是生在禮王府？有沒有復爵呢？

老師曾說：「皇宮裏頭什麼都是寶，連夜壺也是寶。古人說：『珠履三千』，有一雙珠履就能夠吃兩輩子，禮親王府有好幾雙，那是歷代皇帝賜給親王大福晉的。」

老師又說：「王府規矩最多，換脫衣服鞋子，都馬虎不得，連看一下自己的兒子，都像朝聖一般，後來索性不看了，兒子愛怎麼長就怎麼長！」

老師還帶弟子到北京西城區的舊禮王府，指出他出生之地。老師曾出示過他所帶來的「玉牒」。「玉牒」高約十五公分，寬約八公分，繪了清朝歷代皇帝圖像，貼在黃綾上，這份玉牒獨缺嘉慶皇帝。老師說：「誰能拿出這份玉牒，我就承認他是愛新覺羅子孫！」老師言下之意，玉牒是身分的證物，不曉是否跟爵位有關。

有爵位才稱世家，老師氣勢非凡，一看就是世家子弟，老師在課堂上常提老父親是「老王爺」，母親是「太福晉」，老師一言一行都十分慎重，不可能父親未襲爵而尊稱父親是「老王爺」。

我們從其他資料來推測。

溥儀太傅陳寶琛從天津溥儀身邊離開，回福州休養。滿洲國成立前，老師奉諭至福州接陳太傅至旅順晉見溥儀，老師豈是無爵？

二〇〇七年一月，蒙古共和國國父、第一任總統彭薩勒馬‧奧其爾巴特訪臺，參加「全球新興民主論壇」，老師到故宮與其會面。老師說，蒙古共和國國父是他的表親。滿蒙基於政治聯盟而聯婚，師母是老師的表姐，可能和彭薩勒馬也有姑表或姨表關係，老師的阿瑪若無爵位，何得此姻緣，而岸信介身為日本首相，指明要見老師，又豈是無因？

再從另一角度推測。

金寄水有一篇「王府生活實錄」。描述西元一九二二年至一九二四年北京王府生活實況，特別提到禮王府日益衰敗，以府內秘方賣給同仁堂製藥，借銀度日，到民國前，所欠債銀達數萬兩之多，不得不將花園抵債售予同仁堂，成了樂家鄉村別墅。誠厚的後人睿銘後來搬離王府，一貧如洗。

老師對禮王府的歷史和故事如數家珍。師兄白培霖曾去「白家大宅門食府」吃飯，發現那是禮王府花園，十分興奮，拍了很多照片，帶了那裏的簡介，恭呈老師。老師說，那個花園是修在蘇州街上的。當時，乾隆爲他的母親修了一條像江南的蘇州街，所有的王爺也都在那條街上修花園，禮王府也修了一座。

請容許我們作如是拼圖：世鐸賣禮王府祖傳藥方，借貸度日，而誠厚和後人敗家，還能保住禮親王爵位嗎？老師的「長白世澤，禮烈家聲」必有感而發，而溥儀賜老師「毓」字的排行，承襲了康熙、乾隆的輩次，這是一件大事，老師的阿瑪可能已復了爵。

史記「老子韓非列傳」記載，孔子問禮老子後告訴弟子，「鳥，吾知其能飛；魚，吾知其能游；獸，吾知其能走。……至於龍吾不能知，其乘風雲而上天。吾今日見老子，其猶龍邪！」孔子以「猶龍」來形容深不可測的老子，我們毓門弟子見老師也有猶龍感覺。老師既傳奇又神秘的身世，其中是否復爵？什麼時候復爵？是在老師時或老師阿瑪時復爵？需要更進一步查證，也可作如是觀。

老師說禮王府三代單傳，老師是獨子，「帝王家愛長子，百姓家疼么兒」。

滿洲人能統一中國二六八年，努爾哈赤自言是讀通了中國一部小說「三國演義」，活用了三國人物使計設謀，皇室子孫從小就學習漢人文化。

漢人文化有男主外女主內的觀念，老師的父母奉行不渝。

老師提起當年讀書情形。晚上回去後，太師母就叫他背書，如果背不出來，就要罰跪。旁邊的家人會看太福晉的臉色，臉色不好，沒人敢動作，老師就只好跪在不平的地上背書，一直要跪到書背熟了，才能起來。如果那天太福晉臉色不太生氣，下人就會偷偷扔一個跪墊給老師，讓老師跪得比較舒服。

有一次，老師的阿瑪進來，看到這事，想講點情，剛講了一句「教養孩子要慢慢來，不急——」，太師母就說：「我管兒子，你別插嘴。」老師的阿瑪只好背著手，走出去了。這就是「男主外，女主內」，二門以內的事，都由女人當家。

滿洲人向漢人文化取經，是爲了實用，像讀論語，論語重孝道，老師從小就知道孝爲行仁之本，要好好孝順阿瑪、太師母。

論語的教誨不能只當古書讀，必須躬踐實行。

季氏篇「鯉過庭」，漢宋儒以降，都視爲是孔子的「庭訓」，孔子在這章，告訴兒子孔鯉：「不學詩無以言，不學禮無以立」，孔子弟子陳亢從孔鯉口中得悉孔子跟兒子談話內容，自己解釋說孔子對待兒子不特殊，是因爲「君子之遠其子也。」

陳亢的領悟，不見得合孔子本意，但陳亢的話成了滿人父母對待兒子的準則，老師不只六歲進毓慶宮讀書，晚上也不再與父母同住，嫫嫫成了老師最親密的傾吐對象，老師對太師母既敬又畏。

清朝女真人與蒙古人生活習俗上，除語言差別，其他十分接近，如服飾，善騎射，敬天，幾乎無別。

努爾哈赤爲了鞏固政權，滿族與蒙族互通婚姻，建立姻親關係，努爾哈赤娶了蒙古科沁部明安貝勒的女兒，努爾哈赤的兒子，包括老師的先祖代善和皇太極、多爾袞、阿濟格、莽古爾泰、德格類都娶蒙古女子；同樣的，清皇室的公主也紛紛遠嫁蒙古諸王公。滿蒙王室通婚，形成「北不斷親」的傳統，滿蒙一家親發展成政治軍事上的聯盟，有清一代，蒙古從未成爲憂患。

鈕祜祿氏爲蒙族五大臣、八大家之後，清代皇后大都選自鈕祜祿氏，雍正皇后、嘉慶皇后、道光皇后、咸豐皇后，都是鈕祜錄氏，太師母和師母也都出自鈕祜祿氏。

所以，鈕祜祿氏的格格，都有「母儀天下」的教養，都熟讀「昭明文選」，琴歌書畫無一不精妙。

滿蒙本來都信奉薩滿教，八思巴尊奉藏密佛教，成為忽必烈的國師，藏密佛教遂成滿蒙多數人的信仰。太師母信佛至誠，每天早上都要禮佛誦經。

老師曾說，虔敬拜佛的婦人身體都很健康。老師解釋，有些婦人把銅錢放在佛經上，一個字一個字拜，拜一字挪一下銅錢，一部佛經磕完頭都有幾百個，運動量夠，身體不健康也難。不曉太師母是否也如此虔誠禮佛。

在太師母拜佛和耳提面命中，老師深深體會太師母誦念佛菩薩，是要將所做功德迴向愛子，而老師一言一行，太師母也給了準則：「不能對不起祖宗。」

太師母對老師十分嚴格，太師母的親友見太師母管教老師太嚴，好心說：「妳就一個兒子，捨得這麼嚴管教？」太師母回道：「就只有一個，才要嚴管嚴教！」

從幾件小事看來，老師的太師母頗有主見，且個性剛嚴，老師十分敬畏。

老師在日本讀書，太師母去探望，見日本女孩光腳丫，大驚說：「這是什麼玩意兒？」老師曾穿皮鞋回家，皮鞋發生叩叩響聲，太師母喝道：「怎麼穿那個騾蹄子！」

老師在日本學會喝啤酒，太師母有一天見著，問喝什麼，老師回答：「藥水，健胃整腸的藥！」

老師小時候鬧彆扭，寫字亂畫，太師母發脾氣，阿瑪卻說：「小孩子肯畫就好！」老師父母管教孩子截然不同，其實是有原因的——老師的母親是續絃。

老師常尊稱父親是「老王爺」或「老父親」。老師的父母相差三十歲，老師阿瑪得子已在五十歲後了，所以老師尊稱父親常加「老」字。老師阿瑪晚年得子，老師又是單傳獨子，老父親對孩子容易寬容厚愛。

老師又多次說，「禮王府三代不納妾」，可知太師母不是側室、如夫人或妾，而是續絃。所以老師常尊稱母親「太福晉」（正室）。

太師母第一胎生女，第二胎才生男。禮王府三代單傳，老師的出生自然是禮王府的天大喜事，老師當然得到集一身的寵愛。不過，父母對待單傳兒子，一般人家容易溺愛，而出身名門大家的太師母卻是愛之深責之切，將人生希望全部寄託在老師的身上，對老師嚴管嚴教。

老師不只小時候畏懼太師母，結了婚還是一樣。

老師說最怕陪父母吃飯。父母高興才要陪吃飯，吃飯必得盛裝，長輩坐著，老師夫婦站著吃。喝酒的酒杯很小，比老人茶的茶杯還小，倒入嘴中一寸就得放下，喝三次才喝上一點點。一頓飯要吃一個時辰（兩小時）。

老師覺得有趣，笑看太太一眼，太師母看見罵道：「輕佻！」

老師小時候敬畏太師母，還有點怨氣。其實，老師的個性頗受太師母庭訓影響，老師六、七十歲仍飛揚雄健，曾到一個國代住宅附近散步，一個老國代牽了一條大狗，撲向老師，那國代不只沒道歉，反而「嫣然一笑」（老師用語），老師一巴掌打向國代，說：「狗不懂道理，人可不能不懂道理。下回見著，再打一回！」那國代查問老師來頭，很快搬家走人。

老師住在溫州街時，也發生過類似情況。一個女子牽著一條狗散步，那條狗的狗眼看人低，不曉眼前的長鬍子先生是滿清正紅旗的旗主王爺，汪汪吠叫，還向老師撲過去。

那條狗的狗運不錯。老師當天所拄的手杖是竹杖，躲過老師突來一棒。嚇得邊跑邊回頭。老師向飼養女子說：「不好好管，任牠咬人，下回再這樣，就吃狗肉！」那女子嚇得一臉慘白。

滿洲人不吃烏鴉肉、狗肉、馬肉報恩，老師不會跟狗計較，只是對養狗的人不假詞色。

民國五、六十年間，過年前常有人灌香腸。小偷竟然在牆那邊偷香腸，有人發現，沿牆跑去捉小偷，老師卻跳過圍牆，突然站在小偷面前，有如天降神兵，小偷二話不說，跪地磕頭。

老師在七十歲左右，見一女子挽外國人的手，得意洋洋，老師不客氣說：「不要臉！」那女子回頭瞪老師，老師說得更重：「真不要臉！」

年小的老師，總覺太師母過於嚴苛，孤身到臺灣後，想得深切，慈親望子成龍的操心歷歷在目，老師發現自己能有所得，皆是母親賜與，老師遂有未盡人子孝心的哀思。

離開長白故土，兩岸對立日益嚴重。早就白了頭的長白山入夢，總是魂牽夢縈，歸鄉無期，老師不只不能撫慰蒼生，連撫慰娘親的機會都不可得。

太師母信佛，老師只能全力作佛事，爲娘親祈福壽。

太師母一大早誦佛經，唸「金剛神咒」、「心經」、「往生咒」，老師來臺讀佛經但不誦唸，於是買了錄放機，每天早上一大早就播放佛經，希望此岸孝心能遙寄彼岸，以慰親心。

老師雖不唸經，卻閱覽佛經來虔報母恩。老師擔任文化學院哲學系主任，閱覽室藏了一部大藏經，老師天天讀大藏經，讀了一遍半。

太師母往生後，老師發願十年內，千佛刊經，手繪千尊觀音大士像。大士像摹自吳道子。吳道子的觀音圖有數種，老師手繪的千尊觀音圖與西安石刻碑林相同，大概清宮畫師依西安碑林而作。此圖有解脫之識，神秘之筆。觀音體態秀雅，手足安舒，衣褶分明，圖成品相，整肅威儀。

觀言大士圖像上方拓有乾隆御筆「般若波羅蜜多心經」，左下方拓有老師親筆落款，「天德侍者，虔祈雙親蓮池升座，沐手薰香，恭繪大士法相千尊賚眾供養，廣結善緣，咸沾法雨，度一切苦厄。」

圖繪觀音像，多數是禮佛侍者，老師沐手繪觀音，自言儒家人物的老師卻是爲孝順母親而發心。

老師落款是「戊午正月既望」，戊午年是西元一九七八年，民國六十七年。老師選在元月十六日太師母生日這天戒了煙。太師母大概在文革結束後往生。

老師作畫全神貫注，一勾一勒不敢苟且。老師十年內畫了千幅觀音大士像，一年百幅，三天就要完成一幅。老師曾說，晚上睡不著覺，就起來畫觀音大士像，把功德迴向雙親。

老師另外以「人祖羲皇廟奉元書院」之名，手繪另一幅也有乾隆二十九年浴佛日御筆「般若波羅蜜多心經」的渡海觀音。古人的佛像題字和寫佛經爲示尊重，都用工整楷書，不能用行草。這幅渡海觀音摹自溥儒，但古人所繪觀音圖不能隨意創作，而是有既定形制。溥儒的渡海觀音，應該是摹自如意館。

不只披閱大藏經、畫觀音圖，老師還「遵母命，刊經籍廣聖學。」一九七五年（民國六十四年），老師以「仁匃遯者」之號，印行「易經來註集解」，書頁前加了一頁，「仁匃遯者，行年七十一有一，恭上慈親九秩晉一千秋，遵母命，刊經籍，廣聖學，興治藝。丙辰正月，既望之吉。」

老師開講易經，先是採用坊間合刊朱子及程子的易經集註，授課間常感嘆自明以降，讀易多自來知德註入手，可惜市面上看不到好的來註版本。真所謂得道多助，適有同門亦從易學名宿李遐敷先生習易。遐敷先生臨終，將珍藏掃葉山房本來知德註易傳予該同門，聽到老師需要書，便將該書呈上，經老師整理校對刊印。各頁旁毛筆書易經卦名，爲李老先生所書。

「掃葉山房」始創於明萬曆年間，義取於校書如掃落葉，隨掃隨落。李老先生另有一弟子高懷民先生曾遊於老師門下，當過中國文化學院哲學系系主任。

「易經來註集解」，在十年後太師母百壽再版，書名更爲「新校慈恩本周易集註」，書頁前加的文字略有變易，增加「明不息者偕媳鈕祜祿氏幸托恩庇，同值耋齡，跪上慈親百壽千秋。遵母命刊經籍，廣聖學。」

除了完成千幀觀音大士畫像，印行新校慈恩本周易集註，老師還倡印二千部「妙法蓮華經」。

「妙法蓮華經」為天台宗之依據經典，該宗因而稱「法華宗」。「妙法蓮華經」在佛經中，頗受重視，有「如佛為諸法王，此經亦復如是，諸經中王。」老師倡印「妙法蓮華經」與經文中的「觀世音菩薩普門品」有關。普門品佛告無盡意菩薩，「善男子，若有無量百千萬億眾生，受諸苦惱，聞是觀世音菩薩，一心稱名，觀世音菩薩即時觀其音聲，皆得解脫」。太師母信觀世音菩薩，老師繪觀世音圖像迴向父母，又刊「妙法蓮華經」，甚至在「靜園」設「仁壽宮」，老師在太師母百壽，可說已經盡了全力，回報慈恩。

太師母百壽千秋時，老師在印月禪寺為太師母做法事一星期，法事圓滿功成，老師在寺內辦了一桌素席，從日本來臺看老師的弟子服部元彥剛巧回來，我也參加了午間的素宴。

老師在席中掩不住人子之喜，說：「我們夫妻能夠以八十歲之齡，為老母親百歲上壽，這是多麼難得的福分啊！」

老師雖遵母命信佛，但只信佛、法二寶，不信僧，所以自稱「二寶弟子」。

老師信奉孔學儒家，並且說：「儒家人物沒有活過我的！」老師給自己定了

位——「儒家人物」；可是，儒家人物的老師爲了盡孝，卻繪佛像印佛經，老師已盡了人子的責任，卸下了心頭的重擔，「妙法蓮華經」刊印前言，「造像刊經，捨園爲廟」，就是老師在太師母百壽時盡全力報母恩，可謂功德圓滿了。

我在老師百歲後，兩度聽到老師的感嘆：「我這輩子嘛——對不起我自己！」老師曾經口頭上說，對不起太師母和師母兩個女人，太師母百壽千秋後，老師開始想起自己，似乎對不起自己，因爲不能與師母廝守，老師守節了六十四年。

老師跟師母相聚短離別多，我曾在課堂上三度聽到老師百感交集時，唸出師母寫給老師的四六駢文，文句不長，只有兩段。老師每一唸出，我們做弟子的心緒都被老師款款深情所牽引，恍然中，待要追記，老師已唸了過半。我請教幾個師兄，他們也都像我一樣，沒有記下完整的文句，幸好有位師兄記下這六十四個字。

倚門閭而望穿雲樹，履林海而恨滿關山
兩地相思一言難盡，花蔭竹影滿地離愁
獨對孤燈，一天別恨

月夜，雨夜，無事夜
飯時，眠時，黃昏時
此六時之滋味不可言傳

兩地相思刻骨銘心，老師守節防閑甚嚴。在內湖洲尾村的紅磚樓寢室內，老師訂了一座臺灣古式的暗紅木床，杏黃簾子中分兩束，懸鈎雙柱旁，床前有墊腳的暗紅木台，中間嵌瓷，床柱陰刻塡金彩的對聯是行書字，「不欲即仙骨」、「無情乃佛心」。

老師來台正是中壯年，要能心瀾不興，月印千水，只有守心，對不起自己。

老師爲了防閒，女弟子不能進入老師的寢房，也很少課後跟女弟子聊天。

曾有一位年近二十的女同學燉了一大砂鍋酸菜鴨送給老師品嚐，隔兩天下課，老師喚住她，將大砂鍋往桌上砰的一放，臉色不好，揮手說：「哪！」

又隔幾天，老師笑咪咪要這位女弟子留下說：「我叫他們作妳那個酸菜鴨，怎麼作，怎麼不像，妳是怎麼作的，教教他們！」

原來老師事後得知，女弟子是老師早期弟子介紹的，她的男朋友也一起來聽課，她還有一半滿族血統。老師後來有時候還請這位同族女弟子幫忙做飯，當饗舍內沒有男弟子時，老師就叫女弟子的男朋友一同來吃飯。

老師男女之防絕不含糊。前臺灣省立臺北女子師範專科學校校長熊芷女士，是民國時期總理熊希齡之女，哥倫比亞大學畢業，洋派作風。有一天，來見老師，主動伸出手來，想跟老師握手，老師搖頭說：「男女授受不親」，熊校長一愣，笑說：「臭美！」

老師論夫婦之道，句句都是人生智慧，老師常用筷子來形容男女關係：「中國筷子就是一陰一陽，陽的先動，陰的再動，陽的領著陰的，兩隻筷子一樣長，一長一短，就無法夾東西。因此，老婆不是用來管的，而是要互相尊重，得比禮賢下士更要尊重。結婚不是昏頭才結，得明白爲什麼結婚，選妻擇夫以品德爲出發點，不是以容貌爲主。男女結婚後必須互相配合，夫妻往同一方向，家才會齊，兩個人才能好好經營家庭。」

老師在課堂上談的夫妻之道，令人深省：

下班回家，想到另一半，會不由自主笑出來，這就是夫妻。

夫婦截長補短，個人有習性。就像作菜，南方放糖，北方不放糖，一生就是這樣淡淡過去。一念之轉，海闊天空。

人忘情不易，但可不為情苦。

夫婦不談是非，不看是非，家庭不睦，就是夫婦常說是非。

男人晚歸必有理由，不善言辭者，買夜消請太太。

男人是賺錢耙子，女人是存錢匣子。

不要把最輕的事，馬馬虎虎放過去。以前大家庭，多少姓在一起，難免各有私心鈎心鬥角，現在不過二姓，鬥氣後心要無陰影。離婚因互相不信任，應該全力避免。

老師曾講父母相處的一段往事。

老師阿瑪個性敦厚，太師母剛烈，有一回吵嘴，太師母發脾氣，阿瑪慢慢站起來往外走，太師母叫「回來」，阿瑪聞言慢吞吞走回來，又緩緩坐下，向ㄚ環說「泡茶」，意思是兩人說多話，已經口乾舌燥，喝一杯茶消消氣再慢慢聽吧！

老師有一次上課，說：「以前人岳父送女婿『尚書』，要女婿為政立人，現在女同學結婚，老師要送一本書，『孫子兵法』，好好管教臭男人！女人不能御天，至少要御夫！」

有此感慨，老師當然會想到師母。老師說：「年輕時爲了恢復祖業，天天拎著腦袋，感情沒時間想，剛到臺灣也不怎麼想，老了才想得仔細，現在倒想寫『新浮生六記』。」

老師還曾說：「七八十年痛苦，留後人教訓」，想寫「思痛錄」，可惜的是述而不作的老師，同樣也只想想而已。

我聽老師對師母的真情流露十分感動，構思一篇小說。小說中的男主角在臺灣戒嚴的白色恐怖年代，是個排字版工人。男主角三十七歲才結婚，結婚蜜月，精神較渙散。以前鉛字排版，「共」字和「央」字放在一起，男主角一個疏忽，把擁護中「央」，撿成擁護中「共」，校對時又未發現，成書發送遭人檢舉，男主角遭情治單位嚴刑逼供，以爲匪宣傳罪名送綠島管訓。

男主角結婚三十二天，遭管訓三十三年，假釋年齡剛好七十歲，典獄長還恭喜男主角「人生七十才開始。」

故事中的男主角只跟太太生活三十二天，太太嫁他時才二十出頭，他的腦海都是太太昔日年輕的影像，當他坐火車回鄉，在車站一眼見到等候他的女子時，感覺太太變老了，正要喚叫太太的名字，那女人先開口叫道：「爸爸！」

男主角被關三十三年，女兒已經三十二歲，比他出事時的太太年紀還大，他第一眼看到的女兒當然比太太老些。

我一直以爲老師終有和師母重逢的一天，而當兩個分隔兩岸數十年的恩愛夫妻相逢後，會是什麼樣的情景？我期望老師會有一個美好的結局。

臺灣有一條老歌「三年」，其中有一句歌詞聽來愴然感傷，「左三年，右三年，這一生見面有幾天？」左邊三年，右邊三年，兩個左右「3」字相合，就成「33」。兩人相隔三三年才相見，人生苦難不過如此，我沒想到老師再踏上長白故土，已過了六十年。

「三三年」的劇情，男主角的太太，我未交待，讓讀者想像。

老師在兩岸全面開放前，曾派人打探師母消息，來人告訴師母仍在。西元一九九〇年，老師八十四歲那年，留日弟子寫了信，信內第一句話是「驚聞師母仙逝……」老師看信淚流滿面。

老師晚年盡焚所書紙稿，幸存的只有幾小張夾在書內的小紙頭，其中有三張手掌大小，用原子筆寫的四首短詩。

招魂　・之一・

昨夜白雲月似霜

滿斗焚香告羣芳
燒殘彩蠋空流淚
方信梅花雪後香
臨風惆悵汐水污
獨留孤忠護愚氓
回首崇台昭忠跡
引領魂兮歸尚饗

● 「招魂」註記：一九九〇．十一．二十五。

悔訟 ．之二．

登高密覓聖跡湮
借得清風吹淚乾
願懺當年恩與怨
應葬業身伴血灘

● 「悔訟」和「招魂」寫在同張紙，未記日期，當與「招魂」同時寫成。「訟」是易經的第六卦，孔子的象傳是「天與水違行，訟，君子以作事謀始」。老師驟聞師母往生，不免懺悔昔時縱身恩怨的政局中，以致無法和師母長相廝守。

八十有四初度　．之三

一場春夢盡已殘
半生勞碌難成篇
但祈英士顯良知
莫將巧言欺愚頑
今欲贖愆時何待
為子不孝夫未賢
諸稚未識慈嚴面
負今愧昔一汗顏

● 「八十有四初度」和「招魂」、「悔訟」為同一張紙。

無題　・之四・

餐唇啖鬢玉溫香
緣盡孤雁恨茫茫
空留今生懷幻想
怎醒黃粱夢一場
倚欄未了知心話
當在冥中訴衷腸
一年幾度情露水
都化清煙隨意狂

● 詩無題，日期是一九九〇・十一・二十八夜

老師生於一九〇六年夏曆九月十日，陽曆是十月二十七日，一九九〇年十一月是八十四歲開始，「八十有四初度」大概是這個意思。這四首小詩其一是「招魂」，最後一句是「引領魂兮歸尚饗」，自然是弔亡招魂，而無題那首第一句「餐唇啖鬢玉溫香」顯示所招亡魂是師母。師母可能在八十四歲往生，應是高壽，

但對在此岸的老師而言，卻是「燒殘彩蠋空流淚，方信梅花雪後香」、「空留今生懷幻想，怎醒黃粱夢一場。」

老師大概在一九九〇年十一月二十五日接到留日弟子信，驚聞師母往生，至於師母確切往生日期，我們仍不知道。

一九八九年（民國七十八年），老師曾檢查出胃癌，由臺大醫院名醫師宋瑞樓主治，外科主任陳楷模開刀，醫師原以爲老師只有兩三年時光，老師卻恢復如初。老師沒想到自己剛痊癒，卻得到師母亡故噩耗，心中悲慟至極，僅能「藉得清風吹淚乾」。

老師在一九九三年，時年八十七歲，才回長白山。波瀾壯闊的百年湖海風浪渡過，國亡了，封地沒了，正紅旗倒了，家毀了，至親至愛不見了，老師婉拒弟子爲老師做八十八歲米壽和百歲大壽的建議。百壽時，只接受洋博士弟子專程來臺賀壽。

「倚門閭而望穿雲樹，履林海而恨滿關山」，師母在海峽彼岸幽幽唱著，唱了四十三年，師母終於聽到老師在海峽此岸低低和著：「倚欄未了知心話，當在冥中訴衷腸」。

對老師唯一可以安慰的是，師母在老師的腦海中永遠那麼亭亭玉立，師母

唱戲永遠鶯聲婉囀……。

十、日月同流乘願再來

西元一九一一年十月十日辛亥革命爆發，清朝隆裕太后頒授懿旨，宣統皇帝遜位，十二月二十九日，十七省代表選舉孫中山先生爲臨時大總統，設置臨時參議院；三十一日通過孫先生提議，改採陽曆年，以中華民國爲紀元，一九一二年一月一日，孫先生在南京就職臨時大總統。

中華民國在一月一日成立開始，清朝帝國也在一月一日滅亡；打下清朝江山之一的禮烈親王裔孫老師不只未過陽曆年，也不過夏曆年，而且舉哀告廟，百年來年年如此。

老師在夏曆春節過年期間，有別一般人家豐衣美食，杯酒酣飲、串門交歡，而是在大年初一、二，打開房門，接受眾弟子賀春道喜。

老師在臺灣六十多年來，不接受媒體訪問，不與賓客應酬，登門拜年的都是門下弟子。

及門弟子看到老師上課偶爾喝幾口茶，通常都會帶一盒茗茶；有一年，我在年初六才去賀春，不大的堂廳推了幾十盒茶葉，有如一座小茶山。

每年早上八點打開房門，門下弟子按先後次序進入，老師如常般頭戴瓜皮帽，身穿長袍馬褂，坐在大椅上，接受一批批弟子恭喜，每批長談一兩個小時，每年至少有一兩百個弟子登門。

老師平常日子不拍照，有些弟子自備相機，趁過節老師談興甚濃，要求與老師合照留念；老師這兩天不拒絕弟子專程前來賀節留影，但數位相機問世後，老師要檢查拍攝角度姿勢，不滿意會指示重拍，不准存有任何不雅正鏡頭。

我知道老師每年春節見弟子盛況，希望單獨見老師，春節前幾天，都會先求見。

去年（西元二〇一一年）元月二十五日，我請老師義子安排。原本一身無病的老師在去年暑假，出現心律不整現象，到郊外住了些日子；我忙著依老師指示，撰寫「論語一章」。

義子攙扶下，老師走下水泥臺階。老師精神還是不錯，思慮通敏；我每回見老師約三個鐘頭，一半時間聽老師縱論時勢，一半時間向老師請問，聽老師訓誨。

老師年老，只是耳朵不太靈聰，有時候會左手放耳殼後聽我說話，我則提高聲量。但老師的思慮卻越老越圓通，越老越精純。

老師美言幾句我的文筆，我一時高興，向老師報告：「這全是跟老師讀周易，背周易所賜！」

我在大二那年，每天早上五點鐘起床背易經，至今三、四十年順口，誦唸不忘，於是快背乾卦彖傳：「大哉乾元，萬物資始乃統天，雲行雨施，品物流形，大明終始，六位時成，時乘六龍以御天。……」

快背乾卦彖傳，我只是要向老師報告我曾苦背易經，誰知老師聽後說：「你浪費了許多字！」

三年前，老師就告訴我，不知道的問題要趕快問，這次看老師，我有備而來，手寫十大問題，第一題是：「易經繫辭傳第一章有『易簡而天下之理得矣，天下之理得而成位乎其中矣！』老子和六祖壇經是否得易簡之道？」

我手寫字不小，老師可以不費力一眼看出，老師看了第一題，說了兩個字：「胡扯！」

老師提到臺灣大學校務主持人識見不高，我一時得意，跟老師說臺灣大學傅鐘上下課的人工敲鐘改爲電子固定敲鐘，校史記錄校務會議，因爲我的作品「鐘聲二十一響」已得臺大人和社會人士公認，決議臺大上下課的電子鐘響爲二十一下。老師一聽罵我：「你怎麼老想自己的得意，應多花心思爲蒼生謀！」

我連忙悔過，跟老師道歉：「一時得意之言，以後絕不貳過，收回！」

老師叮嚀我說：「人生一下子就過去了，一切榮華富貴都是過眼雲煙，你想要什麼樣的價值，就過什麼樣的生活，人必得成就自己，必得有所不爲，既在江邊站，就有望海心。」

老師講學貴實用，不滿弟子只能當文案書生，老師除了教授四書五經，還開講八子、冰鑑、孫吳兵法，最後一堂課是二〇〇九年二月廿八日的「孫子兵法」，老師感慨說：「我講了那麼多的兵書，幾個人學能致用？這三、四十年白搭了！」

我挨老師罵，總會想到老師罵我們這些弟子，其實沒有孔子罵宰予「朽木不可雕也，糞土之牆不可杇也」（公冶長篇），以及罵冉求「非吾徒也，小子鳴鼓而攻之可也」的嚴重，我甚至還想，有人罵比沒有人理睬幸運。

這一天，老師談到一個另我瞠目咋舌的問題：「我最近正在研究毛澤東！」已經高達一〇六歲了，老師還在作研究工作，而且研究對象是毛澤東，我脫口問：「爲什麼要研究毛澤東，老師不是批判他的文化大革命嗎？老師講學五六十年，就因爲毛澤東傷害中華文化太深嗎！」

老師點點頭說：「秦始皇開疆拓土，不能用善惡區分，毛澤東大善大惡、善惡兩極。鄧小平對中華文化一知半解，卻將中國帶向強盛大國；康熙是『千古一帝』，毛澤東將是『萬古一霸』，毛澤東讀不少古書，爲什麼做出翻天覆地的毀倫常、改文字等非常人所爲之行，毛澤東應有後續行動，只是他沒想到人的壽命終是有限！」

我呆望老師，百感交集。

宋代大哲學家張載說「六經皆我注腳」，老師不以然：「後儒只能注解六經，那有六經爲他注腳呢！」

老師百歲大病時，囑咐醫生少放一些安眠藥，可以讓他多思考些，多看一些書。有一次，從醫院回來大發脾氣說：「從今以後不上醫院！」問明原因是「醫生太囉唆，勸多休息，我說『死後可以長眠，以後永遠休息！』」老師後來解釋說：「我在和上帝拉鋸戰，我就是擔心你們這些徒子徒孫沒有智慧，不能成大事啊！」

一〇六歲的高齡，老師還自言正在研究毛澤東，論語述而篇子曰：「默而識之，學而不厭，誨人不倦，何有於我哉？」孔子說的是自己，不也說的是老師嗎？

孔子述而篇說「不知老之將至云爾」，孔子這句話用來形容老師不是很適當嗎！

對老師一百多歲的顛沛人生，我每問得一兩件道理，細細咀嚼，十分幸福，腦海存有不急請問的念頭——我錯了！

去年夏曆春節在陽曆二月二日，高雄有些弟子呼朋引伴北上看老師，電話相詢是否同往，我告知前幾天才看了老師。

去年不少同門如往年，跟老師賀春節，聽老師說話，老師精神依然矍鑠，席中曾說：「你們看我像個生病的人嗎？再五年沒問題。」有的同門喜悅相約，今年春節再結伴看老師。過年這段時間，老師接見了一三〇個弟子。

去年三月初，老師的身體有些不適，貧血，時常氣喘。師兄徐泓長子徐思淳是臺大血液科的名醫，建議老師到臺大醫院休養。老師搖頭拒絕，理由是還有許多事要做，一旦進去出不來，豈不誤事。

中庸說：「至誠之道，可以前知。國家將興，必有禎祥；國家將亡，必有妖孽。見乎蓍龜，動乎四體。福禍將至：善必先知之；不善，必先知之。故至誠如神。」老師在三月後似乎預知一些端倪，義子出去超過一個鐘頭，老師就叫媳婦喚他回來，指示一些事。

三月十九日這晚，老師和義子談得很晚，超過了午夜十二時。

黎明之前是最黑暗的時刻。春寒料峭的三月凌晨五點鐘，老師一如往昔，穿好晨衣，敲了義子的房門，義子駕輕就熟地攙扶老師坐上馬桶。

老師近年來有些便秘，如廁時間大約三、四十分鐘。

二〇一一年三月二十日這天，老師的心頭有個惦念：北京清華大學高層陳吉寧常務副校長先前率團造訪老師，洽商依循老師在臺灣創設「奉元書院」經驗，也在清大創設「奉元書院」，清大還奉上老師恩師王國維的墨寶當禮。老師常說中國大書院都在南方，他有意創設北方書院，對清大倡議十分重視，面命徐泓師兄，負責籌辦事宜，今早十點將作指示。

如廁後，老師都會招呼義子，義子這天等了五十分鐘，未聞老師叫喚，推開虛掩房門：老師端坐，雙目闔上。

平常上課時，老師有些閃進腦海的思緒要條理一下，就會微閉雙眸，弟子安靜地等老師再睜開眼睛，說出醒世之言，但義子輕喚「阿瑪」，未聞回應，輕觸阿瑪雙手，已然冰冷，一探鼻端，也無鼻息。

近二十多年來，老師不睡覺，坐在長榻上打坐，坐而忘之，物我兩忘，老師過去，豈非莊子所說道者修鍊最高的坐忘境界嗎！

老師解讀論語學而篇曾子曰的「慎終追遠」，有極其精闢看法：「慎終」不是謹慎辦理喪事，「終」是生命終了最終一口氣，一般人臨終都是横躺床榻，子孫要將「含」送入父母口中，擱在舌頭中，讓最後一口氣從「含」上出來，庇佑子孫，即所謂的「親視含殮」（賈秉坤師兄說：「含」是要將最終一口氣含住，不使外洩，像慈禧陵被盜，口中含一去，最後一口氣洩出，整個屍體即生變化）；一般富貴人家含珠，也有含玉、含金、含銀，平常人家的「含」，用小紅線串上幾個小銅錢。

老師卻用一口氣接不上來的方式告終，向人間揮手，向關愛的弟子作別。

義子知曉老師已經與世長辭，放聲大哭，急電曾在奉元書院讀書的弟子周正成醫師，召來救護車，送至臺大醫院，醫生仍急救一會，八點多宣告老師溘然長辭，走完了一○六歲的人生旅程。

中庸說：「天地之大也，人猶有所憾」，天生地載，大德曰生，但大化流行，陰陽仍有險阻，人生不能不有遺憾，一○六歲的老師也有一點小遺憾。

老師的生命之流源自長白山，山上之水在生意盎然的初春始而涓滴，日漸成流，而後在陡峭的山崖間百折千迴，成爲玉珠噴濺吼吼聲響的澎湃山泉，流經平地，澤潤林樹後，激情雄心收卷；老師內心一片平和，昔日的征塵風沙在雨後清晨般抖落殆盡，一些昔時的思維也從晚年的老師心中昇華，執兩用中，老師對一些恩怨人物出現了平和寬諒的評價。

老師是清代禮親王裔孫，若是稍早的年代，老師是王爺貴冑，黃金家族，但老師在臺講學卻堅持廢棄世襲帝制，認爲民主政治是時代的潮流，清朝亡國不能怪誰，佩服「推翻滿清韃虜」的孫中山先生，肯定孫先生大公無私，不眷戀權位，當的大總統還加「臨時」兩字，如能多活幾年，中國將有更好的局面。老師甚至說，中山先生是堯舜以後第一人，推翻千年帝制，創立民國。

老師也稱讚中華民國開國功臣之一的黃興無私。不過，老師對孫先生兩個向日人靠攏的左右手——胡漢民和汪精衛，仍沒有好臉色，認爲孫先生一肩挑兩鼈，沒有一個好王八。

老師也肯定宣布溥儀退位懿旨的隆裕皇太后，不以養人者害人，早日結束內戰，以免塗毒生靈，但對隆裕太后晚年因瑾妃陪葬、珍妃沒了，只留自己一人，不言不語，整天看金魚，他嘆了一口氣：真是魚（愚）死了！

對影響老師後半生，將老師安排到臺灣的蔣中正總統，老師在蔣先生尙在時直呼「老蔣」，蔣中正故去，老師尊稱「老先生」。

老師說，老先生最得意的時候是抗戰勝利還都南京，五十多個少數民族代表都到，每人都穿傳統服飾。老師代表滿族，和老先生握手，十分熱鬧。大家語言不通，口音又重，像聯合國。

老師認爲老先生爲盛名所累，幸好在臺灣還過幾年太平日子。老先生生活儉僕，大概是歷代帝王最具儉德者，只是用的人不中不正，沒有他，就不會有孔宋財閥。

老師對蔣家子孫生命不久長、一門八寡婦，且二、三代媳婦爲爭蔣氏父子日記，竟然興訟，不禁輕聲喟嘆。

老師認爲蔣宋美齡對中國有貢獻。不過，佛爭一柱香，人爭一口氣，老師在世事無爭後，還想爭一口氣說：「蔣宋美齡活到一〇六歲，我怎能輸她！」

蔣宋美齡於一八九七年三月六日生於上海，二〇〇三年十月廿四日病逝紐約，活了一〇六歲；老師於一九〇六年九月十日生於北京禮王府，二〇一一年三月二十日逝世於臺北溫州街，同樣活了一〇六歲。老師和蔣宋美齡的百多年陽壽只差幾個月，可以說，兩人的生死存亡之爭，竟然打成了平手。

老師辭世的唯一遺憾是，北京清華大學原本打算撥地建講堂，複製老師在臺灣的書院講學經驗，並已恭請老師住在古月堂講經。老師猝然而逝，徐泓師兄雖然依約前往清華大學，但人存政舉人亡政息，「奉元書院」的香火是否能在北京清華大學相傳，充滿變數。

老師生前囑咐一旦過去，不發訃聞，不開弔，但義子和所有弟子苦憶師恩，決議不發訃聞，仍然開弔。

停棺守制期間，許多弟子聞風而至，請求安排守靈，並爲老師唸經，從三月二十日到開弔日，老師的魂靈，無時無刻都有經聲相伴。

開弔日擇定四月十日下午舉行，會場先播放一段老師頭戴瓜皮帽，鬚髯飄逸的講經錄影帶，老師宏亮聲音迴盪，與祭的數百名弟子頻頻拭淚。

老師常說講學要一棒接一棒的往前講，治喪程序先安排老中青三代弟子憶師恩，芝加哥大學教授美國人夏含夷師兄，遠從美國專程趕來，代表眾多洋弟子致辭。

夏含夷師兄說，他六歲的兒子見過老師，也很愛老師，壓抑著悲傷要爸爸去臺灣「千萬不要哭」，「從他的身上，我看到毓老師傳經的願望，將會延續到下個世紀」，夏含夷師兄說。

老師有恢復滿學的宏願，對滿族先祖禮敬尊崇。我未看清史前，曾請教老師，老師先祖代善是努爾哈赤次子，長子呢？努爾哈赤長子褚英因有異志，努爾哈赤顧及大清未來，自己下令處死。但老師只說：「長子褚英早過世。」

老師公奠禮上，褚英後人代表滿族族親致哀弔唁。

太師母信佛虔誠，爲成全老師孝心，公奠禮儀大體採佛教儀式，但老師自許爲孔門信徒、儒家人物，請師兄孫鐵剛引領大家誦唸老師常訓誨門生弟子的中庸一段經文，毓門與祭弟子合誦：

「博學之，審問之，慎思之，明辨之，篤行之。有弗學，學之弗能弗措也；有弗問，問之弗知弗措也；有弗思，思之弗得弗措也；有弗辨，辨之弗明弗措也；有弗行，行之弗篤弗措也。人一能之，己百之；人十能之，己千之。果能此道矣，雖愚必明，雖柔必強。」……

孫鐵剛師兄誦念的經書，眾弟子皆耳熟能詳；讀經中，師恩浩蕩，淚眼婆娑，哭聲隱隱。

數十年來，我們這些黌舍和書院弟子，腦海一角都會珍藏老師的精彩切片，有人沈醉在老師直接、大器、直扣人心世道的親切話語中，有人幸運見到老師打籃球、抽煙、喝酒的難得生活片斷，有人遙想老師與師母的情愛世界，有人默識老師大節操、大德行、大格局、大學問的訓誨，我的腦海卻盤據老師近乎離奇的一生。

總統府秘書長伍澤霖領了禮儀官，頒發馬英九總統褒揚令，褒揚令全文爲：

當代經學家劉柱林，本名愛新覺羅・毓鋆，沉潛醇謹，識度清邁。幼歲嫻誦四書五經，修習格致西學，及長負笈日本、德國，覃思邃密，績學博文。隻身來臺後，曾遠赴臺東部落執教，啟迪沾溉，嘉惠原鄉。嗣任教國立臺灣大學、政治大學暨輔仁大學、文化大學等學校，闡揚儒學經典奧旨，析論法家治術精微，志道游藝，桃李門牆。復開辦奉元書院，暢申修齊治平哲理，厚植庠序教化功能，勤攄澹泊，述而不作；樂育宣劬，濟濟多士。綜其生平，流風德澤，見淑世牖民之深衷；紹統延緒，成中華文化之薪傳，學海津梁，貽範永馨。遽聞上壽捐館，軫悼殊殷，應予明令褒揚，用示政府篤念耆碩之至意。

褒揚令有出入處，也有隱晦文字。

老師到臺東任教的學校是臺東農校，校長是前臺東縣長陳建年的父親陳耕元，老師當教導主任，而非部落學校，老師也沒有到臺灣大學任教。

褒揚令隱晦文字是「隻身來臺」，好似老師像三十八年撤退來台的大陸人士，爲了躲避戰禍，千辛萬苦輾轉到臺灣——老師是被國民政府主席蔣中正下

令在三十六年，軟禁到臺灣的。

老師被一個元首強行帶到臺灣，另一個元首卻頒發褒揚令，待遇相差有天壤之別，另人不勝唏噓。

行政院副院長江宜樺，也是毓門弟子，當時是內政部長，以主管機關首長身分致哀辭。

公奠禮上，最另毓門弟子驚訝的是褒揚令上的陌生名字「劉柱林」。我想，參加追悼老師的毓門兄姐，都跟我一樣，首次見到這三個字——老師來臺六十四年，身份證上登記的姓名。

陪伴老師晚年之一，現在就讀北京大學博士班的師兄顏銓潁告訴我說，「『劉柱林』不是老師的真名或字號，而是另有其人。」

老師在對日抗戰時，雖然身爲滿洲國皇族貴胄、溥儀重臣，暗地裡卻是抗日份子，遭日本特務發覺追捕。有一天，老師潛逃時，眼見難以脫逃，生死懸於一線間，逃到一戶農村民宅，民宅主人一見老師即知抗日份子，二話不說，和老師互換衣袍，送給老師他的身分證，救了老師一命，躲過一劫。那位恩人就是「劉柱林」。顏銓潁師兄說劉柱林是小學校長，賈秉坤師兄說是中學教員，潘英俊師說是農夫。綜合而言，劉柱林是一位農村的知識分子、教育工作者。

老師自認這輩子的餘生全拜劉柱林先生恩賜，來臺後的戶口登記，就用了「劉柱林」。老師用心清楚，他餘生所作所爲絕不會辜負恩人「劉柱林」。

百年經書粹鍊出老師圓通智慧和條理的行事風範，老師曾從任卓宣大老和尉天驄教授的文章，得悉恩師康有爲二夫人領著孫子住在台北陋巷，立即前往，拜謝安排師母及其孫子生活。

老師還派弟子到日本尋找當年伴讀的日本女秘書，女秘書已不在，老師特別感謝女秘書後人。

老師也派人找著劉柱林後人，盡其所能給予協助回報。

來台後，老師就把劉柱林的衣袍洗淨，小心保護在衣箱內，每年選一、兩個好日子曝曬，老師並叮嚀義子，一旦故去，幫他穿上「劉柱林」的衣袍，讓他得以感恩。

躺在棺木內的老師內穿棉製衣褲後，再慎重穿上救命恩人劉柱林在六、七十年前所送的救命藍色長布袍，藍布袍上是香雲紗。香雲紗遠看有皮革光澤，細看有花紋，並且鏤空，非常透氣，十分柔軟，是夏衣最好的布料，由江南織造廠所製，現在已不生產。老師所穿，是自己六十多年前帶來的。

義子在香雲紗上，給老師披上「陀羅尼經被」。

「妙法蓮華經」繼「觀世音菩薩普門品」後，就是「陀羅尼品」。「陀羅尼神咒」是六十二億恆河沙等諸佛所說，若有侵毀此法師者，就是侵毀諸佛。「陀羅尼經被」由蒙古活佛章嘉二世在乾隆時代所設計，是解脫生死之至寶，收集許多由梵文或藏文書寫的諸佛咒輪與密咒而成，具有不可思議的大威德加持力，又稱「往生被」。清朝規定陀羅尼經被由朝廷敕賜，並且是二品以上的王公大臣才能使用。慈禧太后往生除用許多金銀珠寶陪葬，也蓋了珍貴華麗的陀羅尼經被。

兩岸開放交流後，老師以八十七歲高齡重回闊別五十多年的長白山下興京故土，故人不見，祖宗墳塋永陵荒廢，向晚斜陽，幾聲噪鴉，老師重修永陵。永陵修砌順利完成後，老師有一要務，就是在北方建大書院，傳承道統經世致用之學。

老師爲設書院，專程南下杭州，造訪「復性書院」。

晚清民國間的馬一浮先生是近代經學大宗師。馬一浮所著「復性書院講錄」，相關洪範部分別有卓見，老師不只瞻仰馬一浮大師風範，更爲了取經，察考復性書院的建制，作爲奉元書院建造參考。

復性書院離杭州靈隱寺不遠，老師順道探訪。靈隱寺住持親自接待，見近百歲人瑞的老師長鬚飄逸，威儀器度不俗，心生欽敬。

老師讀過一遍半的大藏經，又陪同太師母誦經，幾部佛經滾瓜爛熟，他曾向我們講述「般若波羅蜜多心經」，儒佛互證，闡述「觀世音」是觀世間之音，聞人民之苦，自覺覺人，己立立人，人人要成堯舜，人人要成觀世音。

老師在靈隱寺，就住持所問，析闢佛理，住持聞所未聞，深爲折服。老師告辭前，住持取來一裝幀精密禮物相贈，「這是本寺珍藏四、五十年的陀羅尼經被，奉上老居士。」

老師見這領陀羅尼經被用金線手織而成，珍貴異常，正欲推辭，住持懇切說：「有德者居之，這陀羅尼經被唯有老居士才配得之！」

老師偶遊靈隱寺，竟得稀世寶物，得以披蓋珍貴陀羅尼經被，諸佛護持，諸厄度盡。

老師故去，義子遵禮成服，老師嘴中含了一串紅線繫串的小銅錢。

莊子外物篇有四句詩：「青青之麥，生於陵陂，生不佈施，死何含珠爲」？（**青青的麥穗，生在陵陂上，生不慈善佈施，死了何須要含珠**），身爲清朝皇族貴胄的老師過世並未含珠，而是含了一般平民人家所用的小銅錢。

老師開弔未發訃聞，只在新聞和網路發佈消息。從各地趕來的弟子超過五百名，人龍蜿蜒到殯儀館外的馬路，弟子排成三列，手拈檀香粉默哀，歷時近兩個鐘頭，與祭弟子哀慟逾恆。

老師應該自認該做的事都做了，對得起祖宗，至於兒孫只能說兒孫自有兒孫福。

老師也應該自認該說的話都說完了，六十四年二萬三千三百六十個日子，一天平均說一百個字，就是二百三十三萬六千字了。

老師遺願，大體在他所羈居六十四年的臺灣火化後，骨灰帶往新賓滿族自治區，目前安座在老師所創的「滿學研究院」。老師希望他的骨灰能飛揚在長白山上的天池，讓他得以分享祖靈的山光水色，或者洒在蘇子河，流到長白山下，化作滋潤花樹的雪水。

數十多名老師栽培啓發的弟子，在開弔結束後仍留下，親眼目睹老師火化，骨灰裝罈。

有的弟子靜坐守候時，仍合什爲老師誦經，神秘通幽之路，大夢一覺，萬事皆休，我的腦海裏卻是老師在課堂上情意殷殷地唸誦師母寫給老師的四六駢文。

倚門閭而望穿雲樹，履林海而恨滿關山
兩地相思一言難盡，花蔭竹影滿地離愁
獨對孤燈，一天別恨

月夜雨夜無事夜
飯時眠時黃昏時
此六時之滋味不可言傳

我不由得想到，師母望穿雲樹，倚門閭苦等老師。長白山此時仍然飄雪，離愁相思，魂兮歸去。老師在清冷的春天凌晨，御風而行，間關萬里，守節的老師大概已經與守貞的師母重逢，互道六時滋味。

老師之學在易經、春秋，每逢睡不著或有世患時，就讀易經濟屯度厄；易經六十四卦，三百八十四爻，老師在臺剛好六十四年，一爻一大千世界，老師歷經三百八十四大千世界，走過人世悔吝，天德在躬，與鬼神合吉凶矣！

老師辭世前不久，命弟子蔡明勳寫下幾個字，「與世界同化，與日月同流，乘願再來！」

乾元亨利貞，貞下起元。滿天絢麗晚霞在西天消褪後，黑夜來到大地，但天地彼端，旭日將緩緩昇起，老師之德如容光必照的日月。老師遵循孔子述而不作，仍留了一個夢給所有弟子，弟子們追述老師之學，百年千年後，也當會有後學緬懷「奉元復性，慈悲歸仁」的「奉元書院」創辦者——一代大儒愛新覺羅毓鋆。

國家圖書館出版品預行編目（CIP）資料

長白又一村 ／ 許仁圖著. -- 初版. -- 高雄市　河洛圖書,
2012.03
面；　公分
ISBN 978-986-87348-2-1（平裝）

1.愛新覺羅毓鋆 2.臺灣傳記

783.3886　　101004287

長白又一村（全一冊）

許仁圖 著

出 版 社：河洛圖書出版社
發 行 人：許仁圖
文字編輯：趙麗玉
登 記 證：高市建二商字第五七九八五六六O號
社　　址：813 高雄市左營區正心街 102 號 7 樓之 3
電　　話：0987-695-571
郵撥帳戶：河洛圖書出版社
郵撥帳號：四一九六五二四一
發 行 者：千華數位文化股份有限公司
地　　址：新北市中和區中山路三段 136 巷 10 弄 17 號
印　　刷：泰銘照相製版社有限公司
版　　次：2012 年 3 月 20 日　初版一刷
ＩＳＢＮ：978-986-87348-2-1（平裝）

定價 300 元